なぜ哲学を学ぶのか

監訳：矢嶋直規
訳：倉光星燈

PHILOSOPHY: WHY IT MATTERS

HELEN BEEBEE, MICHAEL RUSH

丸善出版

本書は以下の書籍から翻訳されたものである

Philosophy
Why it matters

by

Helen Beebee
Michael Rush

First published in 2019 by Polity Press

This edition is published by arrangement with Polity Press Ltd., Cambridge,
through Japan UNI Agency, Inc., Tokyo.

日本語版へのまえがき

私たちは本書『なぜ哲学を学ぶのか』を、多くの人々に哲学を身近に感じてもらうために執筆しました。ですから、日本の皆さんの手に取っていただけるようになったことを大変嬉しく思い、監訳してくださった矢嶋直規教授と訳者の倉光星燈氏に深く感謝しています。

本書では、何世紀、場合によっては何千年も議論され続けている哲学的問題をいくつか紹介しています。例えば、私たち全員が持つ「心」とは何でしょうか？　自由意志は存在するのでしょうか？　どの信念を持つべきか、どうやって判断すればよいのでしょうか？　世界のあり方を知りたい時、科学は全てを教えてくれるのでしょうか？（そうでないことを願っています。さもなければ、私たち哲学者は職を失ってしまいます！）道徳的な規則（「盗むな！」）と単なる社会的慣習（「トレーナーを着てここに入ってはいけない！」）の違いは何でしょうか？

私たちは、これらの問題を自分で考えるよう促す形で説明しています。そうすることで、単に哲学について学ぶのではなく、実際に哲学を行うことになります。そして、哲学を行う方がずっと楽しいのです。新たな質問が浮かんだり、他の哲学者がどのようにこれらの質問に答えてきたかを調べたりするかもしれません。それがさらに多くの考えを促し、より多くの質問を生むでしょう。そして、そのときには本当に哲学を行っていることになるのです。

本書には専門用語はほとんど使われておらず、脚注もありません。軽い口調で書かれており、時にはあなたを笑わせたり、少なくとも微笑ませたりすることができるかもしれません。皆さんに本書を楽しんでいただけることを願っています。

ヘレン・ビービー
マイケル・ラッシュ

謝辞

われわれを激励し、情熱を抱かせ、効率の良いやり方を教え、有用なアドバイスをくれたポリティ出版社のパスカル・ポーチェロン、エレン・マクドナルド＝クラマー、そして、数々のコメントや提案をしてくれた三人の匿名の編集者に、この場を借りてお礼を申し上げたい。彼らのお陰でこの本はずいぶん良い書物になった。

また、アル・ベイカーとの会話を通して、この本は当初思い描いていた方向とは異なる進化を遂げた。そのこともありがたく思っている。それから、この本の草稿に目を通し、コメントをくれた以下の人々に感謝の言葉を述べさせていただきたい。サミー・ボードマン、マシュー・エルトン、ハリー・グレイ・ジャスミン・ヘイ、アネリー・ジェファーソン、ポーリーン・クワイアット＝ハドソン、エミリア・マイスナー、マシュー・ラッシュ、そしてエマ・サリバン＝ビセット。みな素晴らしい仕事をしてくれた。

今は亡きハリー・レッサー（一九四三－二〇一五）に本書を捧げたい。彼は心を奮い立たせる教師であり、優しい同僚であり、そして友であった。

目次

序　文

あなたがこの本を手に取ったのは、哲学があなたの人生にどう関係するのかを、あるいは、哲学が世界の理解にどうかかわってくるのかを知りたいという動機からではないだろうか。また、なかには、この本を読んで哲学の授業を受けるかどうか決めたいとか、大学で何を専攻するか迷っているという方もいるかもしれない。われわれは、人生のどんな段階においても、哲学には価値と有用性があると固く信じている。哲学は尊重すべきものなのだ。

そしてそれはなぜかというと、哲学は物事の理解と明晰な思考を促進し、実生活に役立つだけでなく、それ自体が面白いものであり、文化的かつ歴史的にも重みのあるものだからである。概して言えばこのようなことになるが、本書では、その根拠について語っていこうと思う。もちろんわれわれは哲学だけが重要だと言うつもりはない。世界を理解するためには、多様な学問がそれぞれの専門性を生かして協働しなければならないだろう。しかし、哲学のもつ役割はそのなかでも重要で、独特なものなのだ。それをこれから皆様にお示ししよう。

哲学は重要ではあるが、誤解されがちでもある。それはあなたが考えているものとは違っているかもしれない。喜ばしいことに、哲学というのはごくありふれたものである。誰もが、自分でも気づかないうちに、哲学が絡んでくる問いを自身に投げかけたことがきっとあるはずだ。あなたは、高額でかつ危険性を伴う医療措置を親が子どもに受けさせることの是非について考えたことがないだろうか。ラフマニノフが「本当に」レイジ・アゲインスト・ザ・マシーン[注1)]よりも優れているかどうかについて熱く語り合ったことがないだろうか。選ばれた指導者たちが自分自身の利益のために私たちに嘘をついているのではないかと疑ったり、一般市民がそうしたことに関心を持つべきかどうかについて思いをめぐらしたり、世界の成り立ちについて物理学者の説明を信じかつ、なお神の存在を信じても良いのか迷ったことはないだろうか。自分たちには自由意志があり、自分の行動をコントロールできているのか、それとも気づかないうちに自然の流れに――氷を踏んで滑ったり、木から葉っぱが落ちたりするように――翻弄されているだけなのではないかと考えたことはないだろうか。もし、このような経験があるなら、あなたは、哲学の第一歩を踏み出しているのだ。これらはすべて哲学的な問いであり、この世界で生きていくうちに思いつくだろうものなのである。

哲学の深い知識がなくても、ある程度はこうした問題に取り組むことはできる。たいていの人はただ問うだけだが、その問いにより有意義に、より十全に、より満足がいくようなやり方で向き合うことも可能だ。哲学の理論や方法をほんの少し学べば、問題を定義し、より論理的に答えを導いていけるようになるだろう。哲学を学べばこれまで惹かれていたものすべてに関心を抱けるようになるだけでなく、より深く取り組むこともできるようになる。だからこそ、哲学があなたにとって意義深くなってくるのだ。私たちが哲学的な問いと深く向き合うようになれば、もっと人生を豊かに生きて、円滑な世界の動きを阻むずさんな考え方を暴き出しにすることもできる。そのずさんな考え方を用いて、自らの地位や権力を保ち、他者に影響力を及ぼそうという人間もいる。だからこそ、哲学は万人にとって重要なのだ。

哲学が誤解されてしまっていることにはもっともな理由もある。おそらく、小・中・高等学校で哲学を教えられた人は少ないだろう。哲学を教える学校はアメリカではほとんどない。哲学は一般的イメージとして、からかいの対象になるような営みであることはよく知られているが、哲学がいかなる意味で冗談以上のものであるのかは十分に理解されていないかもしれない。哲学が取り扱うのは、気軽な会話で役に立つとは限らない抽象的な問題なのだ。

そのため、哲学はただの意見の表明にすぎないとか、自分の座っている椅子は本当に存在しているのかといったことを一日中考えるようなものだと思っている人もいるかもしれない。哲学とは神学や宗教的活動のようなものだとか、たいていは瞑想を含んでいると思っている人もいるだろう。哲学と心理学を混同している人もいるが、歴史的に見ると、それは間違っているとは言い切れない。心理学は今から一〇〇年ほど前ではあるが、哲学の一派から生まれた学問だからだ。なかには、哲学は今も研究されてはいるが遠い昔のものであり、埃まみれの図書館にこもっている人間だけが探求するものと思っている人もいるだろう。彼らがそこにいる限り、こちらは何の影響も受けないと。

「哲学」という言葉は、一般的には自分の思想を示すのに使われる。例えば、「今を楽しめ、それが私の哲学だ！」とか、「ではあなたの哲学とはなんですか？」といった具合だ。こうした使い方は理解はできるが、哲学者たちの言う「哲学」はこうした意味ではない。また、「哲学的」と言うと、悪い知らせを受け取っても「達観している」というような意味で使われることがあるが、哲学者はそのような用い方はしない。

哲学者が「哲学」という言葉で意味していること（それは今すぐに役に立つようなものではないことは承知しているが）、それは、原理、理論、技術、方法、問題の集積体である。この本によって、これらについて読者の理解が深まることを期待している。各要素は理性的疑問や、批判的内省、体系的思考などの一般的テーマによって結びつけられている。だがこれから見ていくように、哲学が扱う主題は非常に多岐にわたっている。

覚えておいてほしいのは、哲学的可能性は誰にでも聞かれているということだ。鏡を見てほしい。そこに映っているのは哲学者の卵だ。あなたが今はまだ哲学者ではなくとも、いずれそうなる可能性はある。哲学を学問的に専攻しようと考えているかどうかにかかわらず、あなたはすでに哲学を学んでいる。なぜ哲学がばかげた営為ではないのだろうと思われるのなら、ぜひ本書を読んでほしい。

哲学書といえば、哲学者の名前やその功績がびっしりと書かれていているものと思われるかもしれないが、本書では、そういったことは必要最小限に留めている。大切なのは、哲学の体系や手法を取り入れ、それを気になっている問題や関心事に応用することだからだ。ここでは、哲学者についての話ではなく思考の話をしていきたいと思っている。

哲学を厳格に効率よく学んでいる者だけが哲学的に思索できるという認識は間違っている。そして、哲学の恩恵はこうした人間だけが受けられるというのも違う。すでに述べたように、哲学のきっかけはすでにあなたの周りに存在している。正しい認識は、哲学という学問とその体系的手法の蓄積を学ぶ機会があるというのが正しい。哲学的思索と分析の技法は発展する可能性もあれば、劣化する可能性もあるのだ。本書は哲学的な知識を概説する教科書ではないし、古代から始まる哲学の歴史について語る本でもない。あるいは、ギリシアやインド、中国で発展した特定の哲学の伝統についての本でもない。

哲学とはそもそも、われわれの思考を体系的に理解しようとし、われわれの議論の論理性を評価しようとする営みだ。哲学は、真摯な反省、厳密な思考を促進し、時には複雑で難解な思想を簡潔に言い表すこともできる。自分の人生についての理解を深め、先にあげたようなさまざまなこと、あるいはそれ以上のことについて筋の通った意見を述べたければ、自分の使う用語や概念は一貫したものであり、自己矛盾を起こしたり話がかみ合わなくなったりするようなことはないと確信できねばならない。哲学用語の中には、とても重要な社会的問題に対し、明確な影響を与えるものもある。「正」と「誤」という言葉の意味を明確にしようとしなかったら、他国への侵略行為の是非を問う議論や、人々が安楽死を選択することを許す医療サービスを公費で提供すべきかどうかの議論を聞いても、何の話をしているのか分からなくなってしまう。芸術作品を芸術作品たらしめるものは何かをしっかりと見定めることができなければ、偉大なる天才たちがもたらした極めて重要な文化的貢献を十全に判断し、比較し、評価することができなくなる。

もう一つ例を挙げよう。われわれは普段、自分には自由意志があると思っている。そのことをちゃんと考えたことがないという人もいるだろう。だがそれは、何か重大な決断をする時から、夕食の献立を決める時まであらゆる決定に関わってくる前提条件だ。われわれは、自分は純粋に自分の意志だけで物事を選択できていると思っているし、選ぶ前にどの道を進むこともできると思いがちだ。しかし、こうした考えと、もっともらしく思われるそれ以外の哲学的、科学的な考えを調和させることは、実は驚くほど難しい。

自分が直感的に抱いている世界観が正しいかどうかを判断すること、それと同時に科学的な理解が適切かどうかを判断すること、あるいは、自分の政治的な信条の偏りを倫理的な吟味に照らして正すこと、信念と知識の差異を理解したうえでどちらの考えを選ぶかを決めていくこと、こうしたことは、みな哲学的課題である。

すでに述べたように、こうした知的活動は哲学を真剣に学ぶ時にだけ重要になるわけではない。しかし、哲学を真剣に学ぼうとすることで、あなたは、専門的な思考法や方略、知的なツールの専門知識を身に着け、それらに馴染み、それをさまざまな領域の議論や論争において活用し、より磨いていけるのだ。

この本の各章では、私たちがより十全に理解したいと思うような、人生や世界のさまざまな側面における一般的なテーマを扱っている。そして、哲学がそうしたものを理解するのにいかに役立つかを説明していこうと思う。話を進めていくにつれて、いくつかの哲学理論を紹介するつもりである。ただし、本書で提示する理論はどれも真剣に、徹底的に議論されてきたものではあるが、それでもなお、誰もが同意する結論は出ていない。このことは今ぜひ言っておきたいし、本書を読み進められる過程で何度も思い出してほしい。これは憂うべきことではない。むしろ、ドグマに陥ることを避け、新たな証拠や洞察が得られるたび、理論を修正する可能性に開かれていることを示している。これは、適切に用いられた哲学と科学の両方が持つ強みだ。これまであなたが目にしてきた科学の理論は、あきらかな疑いをさしはさむ余地があるものとしては提示されてこなかったのではないだろうか。あるいは、現在進行中の論争の重要性などはきっと過小評価されていたのではなかろうか。学校の理科の授業などでは、すっかり定着した理論が教えられる。そのような場では、かつては別の有力な選択肢がたくさん存在していたという事実が見失われがちなのは仕方のないことである。そして、哲学においては科学の諸分野よりも、こうした状況がしばしば見出される。現在、哲学には可能な哲学的選択肢が山ほどあり、それらについて考えていく必要がある。相容れない学説や定説同士を比較検討するのは、哲学や分析のスキルを磨くうえで最適な方法の一つだ。実際、哲学の中心にあるスキルが上達することは、主体的に哲学するということを含んでいる。哲学するということは、他の哲学者の言ったことをただ鵜呑みにすることではない。哲学は、自分自身で実践する必要があるのだ！

本書の以下の章では、このような点で哲学的な議論に役立つ可能性のあること、またそのツールや方略や技能などを紹介していきたいと思っている。第一章では、自分自身についての理解を深める方法をともに考えていく。すなわち、自分とは何者なのか？　人間であることの条件とは何か？　死後も自分というものは存在し続けるのだろうか？　自分に自由意志はあるのだろうか？　といった問題に取り組む。第二章では、公的な領域における議論に目を向ける。政治家が真実を語っているとどうして見分けられるだろうか？　彼らが真実を語っているかどうかは重要だろうか？といった問題である。この章ではさらに、私たちが、自分の意見が正しいと思いたがり、そう信じることに全力を尽くしてしまうという、より一般的な問題にも触れる。第三章では、世界をいかに理解するかについて論じる。科学はわれわれが知る必要のあることをすべて教えてくれるのだろうか？　絶対的な宗教的真実は存在するのだろうか？　神の存在を信じることと、物理学の発展に寄与することは矛盾しないのだろうか？　科学的見解もしくは宗教的見地に有利とみなされる証拠は何だろうか？　第四章では、私たちがお互いにどう振る舞えばいいのかを見ていく。他者とはどうつきあうべきなのだろう？　私たちは何の権利があって、他者が自分に敬意を払うことを期待するのだろう？そして、結論のところでは、これまで哲学者たちが考えてきたことで、本書に収まりきらなかったこと（それは膨大だ！）を略述し、この序文の最初にあげた広範な問題に答える方法を示唆することになる。

こうしたテーマがあなたの心に響くことを願っている。私たちは皆ある程度宗教的な活動に接してきたし、社会的問題について議論されるのを見たり、自分でもそうした議論に参加したり、他者の振る舞いの良し悪しを判断したりしてきた。また、私たちは皆、少なくともなんらか科学的な信念を持っているが、それでも死後のことに思いをめぐらせたりもする。哲学が必要なのは、私たちが皆、多かれ少なかれ哲学的にものを考えているからだ。今の今まで気がついていなかったにしても。

注1）一九九〇年にアメリカで結成されたロックバンド。政治的メッセージを帯びた曲を演奏することで知られる。

第1章　自己を理解すること

自分とは何者なのか？　人間であるとはどういうことだろう？　死んでからも自分は存在しつづけるのだろうか？　その結果、私は天国に行くか、はたまたロバとして生まれ変わることが、少なくとも原理的にはあるのだろうか？　脳と心とはどのように関連しているのだろう？実は二つとも同じものなのだろうか？　男女で脳の構造に差異があるのなら、男女の行動にも差異があり、それは生まれつきのもので不可避なのだろうか？　私には自由意志があるのだろうか？　それともただ脳や環境によって特定の行動を取るよう仕組まれているだけなのだろうか？

これらはどれも素晴らしい疑問であり、広い意味で「哲学的」な問題である。これらに対する満足のいく答えは少なくとも科学が導き出せるものではないかもしれないし、少なくとも科学だけで答えられる問題ではないかもしれない。まずは最初の二つの質問について見ていこう。もし生物学者に第一の問いの答えを聞いたら変な顔をされるだろう。「自分は何者なのかって？君は人間だ。ホモ・サピエンスだよ。それだけさ」。では、次の問いはどうだろう。「人間であるとはどういうことだろう？」「簡単なことだ！　ホモ・サピエンスに属しているかどうかだよ」

これが答えになっただろうか？　たぶんなっていないだろう。そんなことはとっくに分かっているだろうし、そもそもこんな答えが欲しくて問いを発した訳ではないはずだ。では哲学者に問うてみよう。その哲学者には、その問題に取り組むときに役立つ基礎的な準備、取組みかたについての示唆、参考になるかもしれないいくつかの見解を教えてくれるように頼むとなお良いだろう。そして、自分自身で答えを導き出してみよう。

人間、人格、脳、心

さてもっと哲学者らしい話をしよう。生物学者の言っていることはもちろん正しい。私たちは皆人間であり、ホモ・サピエンスの一員である。ある意味において、それが私たちというものだ（哲学者は「ある意味において」という言い方を非常に好む。それはたいてい一つの主張がさまざまな意味に読み取れるというニュアンスであり、異なる見解をそれはそれとして区別しておくことが大切だということだ）。だが人間である事が私たちを定義することになるのだろうか？　肝心なのはそんなことだろうか？　私たちが人間であるということの何がそんなに特別なのか、そこを問うことから始めてみよう。もちろん、人間には他の動物にはない特徴がたくさんある（私たちが知っている限り）。だが、向かい合わせになっている親指や、二本の腕に二本の脚という特徴自体は特別でもなんでもない。コミュニケーションや思考の能力があるといった特徴は人間固有のものだと思っている人もいるかもしれないが、そういうこともまったくない。コミュニケーションができる動物は他にたくさんいる。吠えたりさえずったり踊ったり、手段はいくらでもある。同様に、少なくとも原初的な思考能力を持ち合わせていると思われる動物もいる。犬などがそうだ。おやつが欲しいと思った犬は芸をしてみせる。そうすることでおやつをもらえると思っているのだ。

おそらく、人間だけがもっている特徴――それも私たちにとって非常に重要なもの――それはある種類の思考を行う能力だろう。例えば、私たちは自分を取り巻く世界だけではなく、自己を意識している。私たちは自分自身について考えることができる。ケーキを食べたいと夢想するだけではなく、そのことだけを考えて10分も貴重な時間を費やしたことを反省して、その時間をもっと有効に使えたのではないかと思うこともできる。私たちは長期にわたる計画を立てることができ、人生をある種の物語的構造を持つものとして考えることができる。また、とりわけ道徳的な観点から物事を考えることもできる。他にもさまざまな能力がある。これまではっきりと定義されてはいなかったが、こうした知的能力を持つものをこう呼ぶことにしよう。人格と。

ただし、この見解については論争があることも記しておこう。人格であるとはどういうことかに関して、哲学者たちの見解は一致していない。この本にも繰り返し書かれているが、哲学者はほとんどすべての事柄について互いの見解に反対している。おそらく、あなたが賛同できないような主張も多いだろう。だがそういうものなのだ。哲学を行いたいのならば、不確実性を愛する心を持たなくてはならない。肝要なのは、「あの答えは間違いだ」で済ませないことだ。なぜその答えが間違っているのか、別の答えがあるとすればそれは何か、そして、その答えの方が優れている理由も考えねばならない。哲学は批判的に思考することにとどまらない。そこには創造性も求められる。もしあなたが気にかけている問題に対してある哲学的な見解が間違った答えを出しているとか、問題の解決になっていないと思ったら、より良い見解、ないしその問題の正しい解決となる見解を考え出すのが哲学者としての仕事だ。

ここまで述べてきたような私たち自身についての考えによると、人格であることは原理的には必ずしもホモ・サピエンスという種だけの特徴ではないし、あるいは、すべてのホモ・サピエンスのメンバーが持っている特徴でもないことになる。宇宙人も十分に人格を持ちうる。実際SFで描かれる宇宙人はほとんどが人格として描写されている。非常に精巧なアンドロイドも人格と呼べるだろう。映画「ブレードランナー2049」に出てくるK捜査官や、「スタートレック」に出てくるデータという名のアンドロイドを思い浮かべてみるといい。おそらく何万年も経てば、他の類人猿が人に進化することもありえるだろう（もしそんなに長く生き延びられればの話だが）。原理的には、人格であるためには肉体が必要だとは言えないのかもしれない。神が存在するなら、たぶん、神も人格なのだろう。

「人格であること」という概念について考えてみると、先に設定したリストにおける第二の疑問、「人間とは何か?」という問いは、生物学的な答え――「ホモ・サピエンスの一人にすぎない」という答え――を求めてはいないように見える。よって、その質問自体も的確なものではないのだろう。ここで本当に問われているのは、「人格であるとはどういうことか?」ということだろう。私たちはその疑問に対し、非常に初歩的で暫定的な答えを得た。だがそれは始まりにすぎない。

そこで、私たちは第一の疑問である「自己とは何なのか?」に戻ってくることになる。まぁ、自分が人間であることは分かるだろう。自分が人格であるということも知っている。だとすると、その疑問は両者のどちらがより大事かということを問題としているのではないだろうか。自己の本質を捉えているのはどちらだろう?生きて呼吸する血と肉のある個別存在としてのあなたの肉体的、もしくは生物学的な特徴がそれなのだろうか?それがあなたというものなのだろうか?それとも、むしろこの特定の人格としての地位、つまり一つの物語を持つ自分という人間であるということだろうか。過去の経験が積み重なった歴史と、長期的な目標に沿った未来(もあるといいのだが)を内包する存在、あるいは、特定の他者との重要な関係性、中核となる一連の価値観、そしてこの世界における地位の感覚を持ち合わせている存在を意味するのだろうか。言うまでもないことだが、哲学者たちの見解は、これらにおいて一致していない。

この問いへの答え方によって、次にどのような問いを立てるのかが変わる。リストにある次の問いを見てみよう。「死後も自分は存在し続けるのだろうか？」。もしも、あなたの本質があなたの肉体であるとするなら、答えは簡単、「ノー」である。死体といえども完全に焼却されたり腐敗したりする以前はまだ血肉は残っている。しかし、それはもはや生きて呼吸している生体ではない。死ねばあなたは存在しなくなってしまうだろう。だが、自分の本質が「自分という人格」である、ということならば、少なくとも理論上では、答えは「イエス」と言いうる。天国の住人たち、そして地獄や煉獄の住人たち――そんなものがいればの話だが――も、人格と呼ぶことはできるだろう。あるいは、理論的には他の方法で死後においても存在し続けることが可能かもしれない。たぶん、遠い未来には、科学者はあなたの心理的特性をすべてハードディスクにアップロードできるようになるだろう。そして、死後、複製しておいた肉体を解凍してその特性をダウンロードする。こうして、あなたは新しい体でではあるが生き続けるのだ。

携帯電話を買い替えた時のことを考えてみよう。新しい携帯はいくつもの点で優れていることだろう。ひび割れしない画面に、向上した機能性、より大容量のメモリー。そして、古い携帯から大事なものをすべて移行できる。アプリにアドレス帳、写真などなど。違う携帯ではあるが、アドレス帳や日記といったものはまったく同じである。その人が同じ人格かどうかというのは、同じ機体かどうかよりも、同じ写真やアプリなどを保存してあるかどうかにかかってくる。上記の科学者たちの未来のシナリオで、あなたが生きているというのはこういったことなのだ。

　他人の心理的特性を身体から「アップロード」して、別の身体に「ダウンロード」する。これは、「脳と心とはどのように関連しているのだろう？　実は二つとも同じものなのだろうか？」という次の問いに関わってくる問題だ。死後も存在を保つ可能性についてはすでに述べたので、ここから始めるとしよう。自分の存在の本質は、肉体より心理的な部分にある。前にも述べたが、そう仮定すると原理上は死後も存在し続けられる可能性が出てくる。世界中の主要な宗教がそう主張している。だが人間は、どういった形で死後も存続できるのだろうか？彼らは、身体がなくなっても、人はおおむね存在を保ち続けられる、ないし同じ自分で居続けられると言う。だが、こうした心理的特性は何かの特性でなければならない。

　では、天国について考えてみよう。天国に行くとき（ないし死後）には、現世の肉体は置いていくのだというのが一般的な考えだろう。では、何が天国に「行く」のか？　そもそも、天国というのは一つの場所ではない。宇宙の座標においてどこにあるかを特定することもできない。アルファ・ケンタウリを左に曲がって行けばたどり着くという訳ではないのだ。天国は物理的なものではない。したがって特定の場所がある訳ではない。同様に、ヒンズー教、イスラム教、キリスト教、ユダヤ教の一般的な教義によると、天国に行ったものや、死後の世界に昇華したもの、転生したものはもはや物理的な存在ではなく、魂であるという。魂には生前のすべての心理的特性が残されていて、その性質を保ったまま死後も存続するという訳だ（ただし、仏教におけるこの物語ははるかに複雑で、哲学的な観点から見れば非常に興味深い。仏教の中核をなす教義によれば、「魂」や「自己」といったものは存在しない。私たちが「自己」だと思い込んでいるものは、何らかの形でまとめられる常に流動する心理的特性であり、決して非物質的なものの中に「引き継がれる」ことはないのである）。

では、先の疑問に戻ろう。「脳と心とはどのように関連しているのか？　実は二つとも同じものなのだろうか？」という問いだ。魂の存在を信じている者は、みな異口同音に心と魂は同じものであると言うだろう。要するに、魂とは思考、経験、想像などといった精神的活動すべてを行うものだというわけだ。そのため、こういった人たちは心と脳は同じものではないと考えるはずだ。魂は脳とまったく異なるものである。脳は物質的なものだが、魂はそうではない。納得のいく話だろう。AがBと同じものであり、BとCが違うものなら、AとCは同じものではないのだ。

だが、魂の存在を信じていない場合はどうなるだろう？　人間（あるいは、いかなる他の実際の存在でも同じだが）に備わっているこれらの特性が単に物質的な素材だとしたら（それが血肉や骨であろうと、シリコンや電子回路であろうと同じことだが）どうだろう。すると、いったい何なのだろう。心とはつまり脳なのだろうか？　そうではないとしたら、一体何だというのだろう？

そもそもその問い自体が誤解を招きやすいのではないだろうか。「心」は「もの」ではないというのは正しい表現だ。一方、心を「持っている」というのは、(自転車を持っているというのと同じように聞こえるけれども)、さまざまな精神的能力を持っているということである(どの能力であるかという問題は、ここでは置いておこう)。その精神的能力は脳内で「実行され」、「実現して」いるのだ。

「実現」という概念については説明が要るだろう。また電話に例えてみるといいかもしれない。あなたが昔ながらの生活をしていて、紙でできた日記を持っていたとしよう。そして新しい鞄を買い、古い鞄から新しい鞄に日記を移し替えたとしよう。その日記は物質であり、手で持って動かすことができる。だが、電子データの日記を古い携帯から新しい携帯に移し替えるときに起こっていることはまったく異なっている。この場合、移動した物質は何もないのだ。電話の中身を開いてみても、日記やアドレス帳などはまったく見当たらない。実際には、前の携帯のバックアップを取る際に、大量の情報がコンピューターに記録され——ともかく回路にエンコードされ——それから新しい携帯の回路にエンコードされるのだ。その日記は電話の回路の中で「実現」している。そして、その日記が携帯を変えても同じものであり続けるうえで肝心なのは、これまでその日記が持っていた機能をこれからも使える(締切日やイベントの記録が以前のまま記されている)ということだけだ。別の携帯の機種でも何の問題もない。回路内でどのように実現しているかも問題ではない。

心と脳の関係も同様に考えることができる。別の携帯に(電子上の)日記が現出するように、同じ心が別の脳の中で「実現」されるのである。心の全体ではない。私たちは単に心を持っているだけではなく、信念、欲望、記憶、計画、野望、性格なども持っているのだ。こうしたものを、私たちは「もの」として語っている。自分の信条を十個書き出すのは、目の前のテーブルの上にある物の名前を十個書くのと同じくらい簡単だろう。だが、他人の脳を覗き込んでも「韓国の首都はソウルであるという信念」とか、「水曜に買い物に行きたいという意志」などと書かれたかけらなど見つかりはしない。携帯の中にある日記と同じだ。信念や欲望や意志といった「もの」は脳内で「実現」されるが、その様子は（ある意味において！）、携帯の回路に日記の記述（一〇時に歯医者に行く）が実現される様子に少し似ている。

　これで3つの問いに（もちろん完璧にではないが）答えることができた。私たちが与えたのは、こうした問いについて考えるための道具――例えば、これまで考えなかった物事の差異、有用な（そうであってほしいのだが）推論や事例、役に立つ専門用語、今後批判し発展させたいと思うような議論など――である。冒頭に取り上げた疑問が、あなたにとっても重要な疑問だと思っていただけたのではないだろうか。そもそも自分が何者なのか、肉体の死後も何かが生きのこるのか、といったことを考えないでいられるだろうか？　これまで語ってきたことによって、哲学が大切だと思える方向に少しでも歩んでいただけたのではないか。少なくともこうした問いに直面したとき、哲学は役に立つはずだ。

男女間における脳の差異について

では次の問いに移ろう。それは、しばしば話題になるのだが、「もしも男性の脳と女性の脳に違いがあるならば、そのことは男性と女性の行動の違いは生まれつきのもので、それは避けられないことを意味するだろうか」というものである。この話題がとりあげられやすいのは、聡明な神経学者が（ほとんど、ないし多くの）男性の脳と（ほとんど、ないし多くの）女性の脳との差異を発見したという話をよく聞くからだろう。話はたいてい次のように進む。「ほらね、男と女は違うものだって神経学者が言ってるんだ。これは変えられない事実なんだ。だから、そうだな…例えば看護師には女が多いし、コンサルタントには男が多い。女はマルチタスクが得意だし、男は一つのことに集中するのが得意なんだよ」

最初にも言ったが、哲学が大切なものであるその理由の一つに、ずさんな考え方を暴き出すのに役立つというものがある。最新の科学による研究結果の一部を証拠として出すのは、定義としてもずさんさとは真逆ではないかと思われるだろう。しかし残念ながら、そうではない。証拠から結論への議論こそが重要なのだ。では、先の論理の間違いを暴いてみよう。

まずは、あなたの心理的特性がすべて――信条、性格、嗜好、その他の働きすべてが――脳内で何らかの形で「実現している」ないしコード化されているとしよう。おおまかに言うと、こうした考えは「唯物論」と呼ばれる。この世のすべてが物質的なものからできている、ないし物質として「実現している」とする説だ。もちろん、あなたはその考え方を取り入れようと思わないかもしれない。神や魂の存在を信じているのであれば（そうしたものが存在するとしたら、物質で出来ているはずはないのだから）なおさらそうだろう。でもその説を否定するのであれば、次のことを考えてみよう。もしも唯物論を取り入れないのなら、私たちがこれから提示する説明が正しいと言えるだろうか？　もしそう言えないなら、その理由は何だろう？

仮に唯物論が正しいとしよう。そうすると、心理学的に異なる二人の人間の脳もある程度異なっているはずだ。今、Aさんはウルドゥー語を流暢に話すが、Bさんは話せないとしよう。ここで唯物論をあてはめてみると、この二人の脳には物質的な差異があるということになる。人間の言語能力は脳内でコード化されるのであって、足の指の中でそれが行われる訳ではない。つまり、二人の脳に物質的な差異があるということだ。Aさんの脳はBさんの脳とはいくらか異なっているのだろう。また、Cさんが32×32の掛け算を暗算できて、Dさんにはそれができない時、あるいは、Eさんはボヘミアン・ラプソディーの曲の出だしの部分が歌えて、Fさんには歌えない時、こういった場合でも同じことが言えるはずだ。

おそらくいつか遠い未来に、神経学者は人間の脳をスキャンしたり精査したりすることによって、どの言語が流暢に話せるか、どの程度暗算能力があるか、どの曲なら覚えられるかなどを判別できるだろう。いや、そんなことはできないかもしれないが、それはどちらでもよい。

問題は、個々人の心理学的差異が脳の差異の存在を必然的に伴うのかどうか、今何ができて、将来何ができるようになるかもその差異に基づくのかどうかということである。

そこで、二つの問いを立ててみよう。AさんとBさん、CさんとDさん、EさんとFさんの脳には実際に差異があるとしよう。まず、こうした差異が生まれつきの、生来のものだと推測させるような何か厳密な根拠があるのだろうか？　次に、第1の問いに関連するが、こうした差異は誰にもどうにもできないという根拠はあるのだろうか？　この二つの問いに対する答えはこうだ。端的に、「ない」。そうしたものは何もないのだ。Aさんは生まれつきウルドゥー語を流暢に話せた訳ではないし、Cさんも生まれつき暗算で掛け算が出来た訳ではない。Eさんもまた、ボヘミアン・ラプソディーの出だしを生まれつき知っていた訳ではない。さらに、BさんもDさんもFさんもこうしたことができるように脳のあり方を変えられないと考える理由がない。そんなことをするために、自分で脳の手術を行うという危険な真似をする必要もない。しばらくウルドゥー語が飛び交う環境に身を置くなり、暗算の問題をたくさん解くなり、ボヘミアン・ラプソディーの出だしを覚える努力をするなりすればいいだけのことだ。心の特徴を変えていけば、文字通り脳の特徴も変わっていくのだ。この唯物論は納得していただけるだろう。

しかしそのことは、異なった人々が生まれ持った脳の差異が、人々の精神能力や性格特徴その他に違いをもたらすこともなければ、あるいはもたらすかもしれないというのもありえないなどと言うことではないし、私たちは私たちの脳のいかなる特徴でも変化させることができると言うのではない。もしBさんがトロント出身の八歳児ではなくただの猫だったら、そもそもウルドゥー語を話すのに必要な脳の特徴が存在しないだろう。神経科学の知識を用いるまでもない話だ。猫に関していえばそんなことはとっくにわかっている。生まれつき他の人よりも新しい言語を覚える能力や暗算能力、音程を記憶する能力が優れている人がいることは確かだ。だが、生後かなりの年月がたった人、例えばAさんとBさんの間に、今では脳の違いがあるからと言って、彼らに生まれつきの差異が間違いなく存在したと推論することはできない。また、Bさんが今後もウルドゥー語を話すことができないと推論することもできない。

では、本題に戻ろう。「もしも男性の脳と女性の脳に違いがあるならば、そのことは男性と女性の行動の違いは生まれつきのもので、それは避けられないことを意味するだろうか」。私たちは先ほどから、AさんとBさん——二人とも現時点で八歳である——の脳に差異があるということは、それらが生来のものであり、避けられないことを意味しないと論じてきた。しかるべき環境を用意し訓練を施せば、ウルドゥー語を話すことができるようになる仕組みがBさんの脳にも生来きっと備わっていることだろう。そしてBさんは、現在も将来もウルドゥー語を学習することができるだろう。そしてAさんとBさんにおける推論が、ウルドゥー語の話者とそうでない人との間で、さらに、男性と女性の間で当てはまらない理由はないはずだ。

ここまでの説明できっと納得していただけたと思うが、最初の問いに対する答えは、断じて

「ノー」である。女性は、例えば、共感能力が（一般に）男性より強いかもしれない。仮にそうだとしよう。その場合、男女の脳における共感を司る部位にも差異がみられるはずだ。しかしそれは、男女は生まれつき異なるということだろうか？ そうではない。Aさんがウルドゥー語をしゃべれてBさんがしゃべれないからといって、二人に生まれつきの違いがある訳ではないということと同じことだ。それは、特定の女性の共感能力を弱くすることはできないとか、特定の男性の共感能力を強めることができないということだろうか。そういうことでもない。現在AさんとBさんの脳に差異があることが、Bさんがウルドゥー語をしゃべれるようにならないということを意味しないのと同じだ。これで証明完了となる。

ここでまだ残された問題が何かを明確にすることが大切だ。これまでの議論では、男性と女性の心理的特性の間には生まれつきの変えようのない差異が存在しないということはまだ証明できていない。私たちがはっきりさせたのは、既存の神経科学に基づくエビデンスに基づいて、先にあげたような説を提唱すべきではないということだ。だが、男女間に心理学的な差異がなぜあるのかをうまく説明しているように見える事実が山ほどあるということを指摘しておく価値はある。ただし、それらの事実は神経科学とは関係がない。男児と女児の育てられ方には数多くの違いがあることを少し考えてみるといい。どんなおもちゃを与えられるか。どれほど可愛がられるか。両親や教師、社会からどんな振る舞いを期待されるか。こういった諸条件が重なっているのだ。こうした事実は、哲学からもたらされるのでもなければ、神経科学からもたらされるわけでもない。むしろ、社会学や社会心理学、発達心理学、こういった学問から得られる。もちろん、こうした問題に哲学的な視点を持ち込む余地はおおいにありはするが、先の問いに答えるうえで大切なことは、複数のジャンルの学問の中でどれが正しいかを競うことではなく、それらを併用することである。

自由意志と神経科学

では最後の問いに移ろう。これは大問題である。すなわち「私には自由意志があるのだろうか？ それともただ脳や環境によって特定の行動を取るようプログラムされているだけなのだろうか？」という問いだ。ではまず、神経学者であるベンジャミン・リベットが一九八〇年代に行った昔の実験の話から始めよう。被験者の頭部には電極がつけられ、脳波を測定する器械につながれる。被験者は数分間の間に、手首を曲げたいと思ったらいつでも曲げるようにと言われる。そして、時計の針が早く動くのを見ていると、手首を曲げようと思った瞬間の針の位置はどこだったかと聞かれる。被験者が手を曲げるたびに脳波計はその直前の脳内電位を測定する。

その実験の結果、被験者が最初に手首を動かしたいと思ったと報告した瞬間の約三五〇ミリ秒（約三分の一秒）前に、電位が大きく上昇する波動が認められた。つまり――後述するように、誤解を招きやすい表現だが――被験者の脳は、手首を動かしたいという思いを意識する前にそのことを「知っていた」ということだ。

多数の神経学者を含めて多くの人々が、この実験ないし類似した実験の結果から、自由意志など存在しないという結論に至った。例えば、「サイエンティフィック・アメリカン」（二〇一六年四月二八日）の見出しにはこう書かれている。『神経学者は自由意志をどう見るか、私たちはそれが実在すると確信しているが、それは脳が錯覚しているだけかもしれない』。こうした結論に飛びつくのはたやすいことだ。結局のところ、手首を動かしたいと思う、その瞬間よりも前に、脳がそう「決断した」かのように見えるということである。自分の行動をコントロールしているのは自分ではない。自分の脳なのだと。

だが、この結論に飛びつくと数多くの誤謬を犯すことになる。ここに、そのいくつかをあげてみよう。まず、脳は何も決断してはいない。脳が何かを決断しているとか、あるいは、なんだか調子が悪いとか、コーヒーとウォールナッツのケーキでも食べようかとかを感じている訳ではない。決断したり感じたりしているのは「人」なのだ。こうした決定は脳内で「実現」ないし「実施」されるのであって（ここで再び唯物論に立ち返るが）、脳が何をしていようが、脳が「決断している」訳ではないのだ。

次に、「手首を動かすのに自由意志を行使しなかった」ということと、「誰一人として自由意志を行使することなどない」ということの間には大きな飛躍がある。一番目を受け入れるにしても、二番目まで受け入れる必要はない。おそらく、被験者はこの実験の参加に合意したとき、ただ自由に手首を動かしていただけで、自由意志など行使していなかったのだろう。私たちが自由意志を問題にするのは、自分の運命の決定権は自分にあるのか、自分は自分の行動に責任があるのか、そこが気になるからだ。衝動のままに動くだけならば、それはある意味で自由意志を行使し損なうことなのである。しかしだからといって、私たちが自由意志を行使できないという事にはならない。大学で何の勉強をしようか悩んでいるとき、道徳的なジレンマに直面しているとき、あなたはただ衝動に従っているという訳ではないだろう。別々の考えを秤にかけ、最善の行動を導き出そうとしているはずだ。これを書いている私も、ただ衝動の赴くままに動いているなら好物のケーキの消費量がとんでもないことになっていただろう。だが実際、私がケーキを食べる量は控えめだ。それは衝動を（しばしば）制御し、最善と思われる行動を取っているからである。

それはともかく、もし神経学者が被験者に何かの決断を迫るような実験を行ったとする——例えばこのケーキを食べるかどうかの選択をするように告げるとしよう。そして、同じような結果が得られたとしたらどうだろう。つまり、被験者が決断する前に脳波の波動が認められたとしたらどうだろうか。このような結果を示す表を目の前にしたときのことを想像してみよう。たとえ、脳がケーキを食べることを「決断」しなかったとしても、被験者のその決断は脳内の現象によってあらかじめプログラムされていた、ないし決定されていたのだと考えるとなんだか変な気持ちにならないだろうか。このような形であらかじめプログラムされた、あるいは決められていた決定は、自由意志によってなされていないとははっきり言えないのではないだろうか。

この点はたぶん、どうしても指摘しておく必要があることとは言えないかもしれない。しかし、この問題についての哲学の見解は、何世紀もの間別れたままであり、この議論に近い将来解決がもたらされるだろうという見込みがまったくない状況である。哲学者のなかには、これまでに起きたこと（脳活動、成育歴、環境など）に左右されない行為や選択こそ自由意志に基づくものなのだ、という人がいる。彼らは、自由意志に基づく行為を取るためには他の選択肢を選べる能力が必要であり、その能力があるということは、過去の要因によって行為が決定されていないことを意味すると考える。つまり、たとえ親切に差し出されたケーキを受け取れたとしても、それを自由に断わったということは、過去の自分と（直前の脳内の現象を含む）環境が、ケーキを受け取るか断るかを決定していなかったことを意味する、というわけだ。

こうした考えに異を唱える哲学者たちもいる。彼らは、自由に行為するためには、他の行為を行う能力が必要であるということには同意するものの、しかし彼らは、その能力が過去の諸要因によって決定されていないことを必要とするということを否定する。彼らは例えば、ある人は能力を行使しなくても、行使しないことが決まっている時でさえも、行使する能力があることには変わりないと主張しようとする。例えば、あなたは自転車に乗る、ピアノを弾く、靴ひもを結ぶなどといったことができるだろう。これらの能力はその行動をしている時にだけ存在する訳ではない。自転車やピアノや靴が近くにあるときにだけ発揮する能力でもない。差し出されたケーキを食べるかどうかを決定する能力にも同じことが言える。それは食べないと決めた段階で実行される能力であり、それはあなたが行使しなかった（あるいは、たぶん、行使しないことが決まっていた）能力なのだ。

また、そもそも他の選択肢を選ぶ能力が自由意志の条件であるとは言えないとする者もいる。このような主張をする人はたいてい、道徳的責任という観念に訴えようとする。ある行為が称賛すべきか非難すべきと言えるためには、その行為が自由に行われることが不可欠である。あなたが親切で公共心のある人だとすると（その性格の特徴はあなたがこれまでの生涯を通して懸命に育み維持してきた結果身につけたものだろう）、目の前で通行人が財布を落としたら、当然のごとく財布を拾ってその人のところに持っていくに違いない。しかしながら、ここで、あなたがそうした行為を行うのは、これまでの周囲の環境やあなたの性格によって定められていると仮定してみよう。もしも、道徳的責任を問うためには行為が自由意志に基づいて実行されている必要があり、また、自由意志に基づく行為には他の選択肢を選ぶ能力が必要なのだとしたら、あなたが財布を持主に返すことは別に褒められるべき行動ではなくなってしまう。その行為はあなた自身が持っている親切で公共心があるという性質により決定され、あなたは他の選択肢を選ぶことができなくなっていたからだ。つまり、あなたは自由意志に基づいた行動を取っていた訳ではなく、したがって、自分の行動に道徳的な責任があるとも言えない。しかし、こういう考えは明らかに間違いだという哲学者もいるだろう。

なぜ自由意志に関する議論が重要なのか？　その理由の一つは、先ほど述べた自由意志と道徳的責任の関係にある。他者に対する称賛と非難、故意にあなたに迷惑をかけた人に対する憤り、その人の謝罪を受け入れるかどうかの決定、あるいは、親切にしてもらったことに対する感謝。こういったことは、あなたと他者との関係性において非常に重要な役割を果たす。だが自由意志がなければ、道徳的責任はただの絵空事になってしまう。他者への称賛も非難も、感謝も怒りも意味をなさなくなってしまうだろう。そして、あらゆることに対して謝罪する理由もなくなってしまう。自分の行動に対して説明責任があるという考えを放棄すれば、人生が無意味なものに感じられるかもしれない。一方、哲学者たちの中には自由意志の存在を信じることが悪いことだという者もいる。自由意志があるとすることによって、人間は非難され罰を受けるに値するものとされ、復讐心、罪悪感、恥辱感などという、無い方が望ましいものすべてが助長されてしまうというのだ。この問題について、どちらが正しいかの判断は、読者に任せたいと思う。

第2章　公共的討論を理解する

本書を書いている現在（訳者注：二〇一九年）、いや、かなり前からそうだったが、世界のニュースにおける最大の関心事といえば、ドナルド・トランプだろう。もちろん、トランプは政治的にはとても重要なトピックなのだが、本章で扱うのは政治の話ではない。ここで焦点を当てるのは、公開の場で行われる政治的な討論における根本的かつ本質的な部分に関わる問題だ。それは、トランプが誰より明瞭に、しかも、混乱を引き起こすようなやり方で前面に押し出した問題である。

伝統的な意味での「討論」とは、弁論部やイギリス議会やアメリカの上下両院のような場で行われるようなものを意味している。このような討論では、相反する考えを持つ論客たちが、提出された法案、例えば妊娠中絶、安楽死、資本主義などといったさまざまな問題について議論を戦わせる。彼らは、自分の考えが正しいとする論拠を主張し、同時に異なる立場の考えを否定する論拠を提示しなければならない。しかし、今では、「討論」の定義はより広くなった。なんらかの議題に関する「公的討論」は、今や単にある人が、不特定の人に、あるいは、ある程度、限られた人を対象として（新聞やソーシャルメディアなどで）、自分の意見を述べるということしか意味していない。インターネットの使用率が著しく増加し、それに伴ってより気軽に意見を述べられるようになった。ネット環境のある者なら誰でも、いとも簡単に、あらゆる題材について自説を展開する場所を見つけ出し、友人や見知らぬ人々と意見交換ができる。ただし、かなり無秩序な環境ではあるが。

もちろんインターネットは情報を手に入れるうえで非常に優れた道具ではあるが、残念ながら誤った情報を収集するうえでも優れた能力を発揮してしまう。そして、正しい情報を見極めるのが非常に難しい場合もある。報道機関、ないしツイッターのもたらすどの情報を信じ、どの情報を切り捨てればいいのだろう？　信頼のおける情報源と荒らしの発生源をどう区別すればいいのだろう？　精緻な調査に基づく新しい情報と、反応欲しさに虚偽にまみれたツイートを発し、ネット上での「炎上」をもくろむ、放火魔のような人間のたわごとを、どうすれば見分けられるだろうか？

これらは難しい問題である。そして、そこにはより基本的で、かつ哲学的な問いが潜んでいる。すなわち、誤った情報をふるいにかけて正しい情報のみを取り出すことは、果たして大切なことかどうか、という問いだ。これが本章で焦点を当てる第一の問いである。第二の問いは、第一の問いから導かれるもので、ドナルド・トランプにより直接的に関係してくるものだ。それは、他人を（とりわけ、政治的リーダーを）情報源として信頼できるかどうかに関わる問題である。では、公開討論の場において、信頼性が問われるのはなぜなのだろうか？　その問いに答えるために、私たちはまず、そもそも信頼とは何かについて考えていく必要があるだろう。例えば、どう見ても誤っている情報をソーシャルメディアに流し、気に入らない情報が伝えられるたびに「フェイクニュースだ」と切り捨てるような政治家によって裏切られる信頼とは何だろうかという問題だ。

だが、この問題を論じ始める前に、この章で哲学がどのような役割を演じるかについて一言断っておこう。第一章における論述は、誰の目から見ても非常に哲学的であった。しかし、この章の大半ではそうした論調はみられない。むしろ、単に常識を述べ立てているだけのように見えて、哲学はどこに行ったのだろうと思われるかもしれない。その疑問に対する一つの答えは、「哲学とは時として、まさに常識の事柄である」というものである。あるいは、「常識を洗練させること」に哲学が関わるケースもあると言ってもよい。哲学者は紙とペンだけを手にとって非常に抽象的な問いに取り組むだけではなく、時には、私たちの日々の暮らしの営みに焦点を当て、実際、何が起こっているのかとか、どうしてそうなるのかについて、極めて哲学的に考えることがある。その思索は必ずしも難解ではないし、極めて論理的だという訳でもない。

この章では、大半の部分でこうした題材を取り上げている。例えば、私たちが何かを確かなものとして信じるのは良いことだとされるのはなぜなのか、間違った信念をもつより正しい信念をもつほうが良いとされるのはなぜなのか。情報を信じるうえでどのようなものがエビデンス（根拠・証拠）として認められるのか。こうした問いはすべて、哲学の領域では「認識論」に属するものだ。これまで認識論を学んだことがなくとも、専門用語を知らなくとも、これらの問いに自分である程度答えを出そうとするなら、それらの問いがそれほど哲学的ではない、などとは言えない。

認識論の世界においては、はるかに難解な問いが山ほど存在する。このことは信じてほしい。だが、今回はそうしたものには触れない。この章で扱うのは、私たちすべてに関わる、生きた、実践的な、そして重要な問いである。抽象的・専門的な理論化の道筋について説明することはあまり期待しないでいただきたい。

エビデンスと信念

まずは、文脈に沿って、最初に取り上げた問いに取り組もう。誤った情報をふるいにかけて正しい情報のみを取り出すというのは、それほど大事なことだろうか？ 日々の暮らしを送る中で、みなさんは常に自分の信念を支えにして生きているだろう。ここでは、そんなに深い話をしようというのではない。神への信仰とか、人間が生まれつき善なる存在だとか、そういった話でもない（こういった信念を心の支えにしている人もいるかもしれないが）。これから語るのは、まったくもってありきたりな思考のあり方だ。例えば、バナナがどうしても食べたいと思っても、どこにあるのかまったく見当がつかないとすると、途方に暮れるほかなくなってしまうだろう。また、東京に11時までに着きたいと思ったら、何らかの信念を持っておいた方が良い。あるいは、それについての信念を手に入れたほうが良い。例えば、電車は何時に出るか、東京に着くまでどれぐらいかかるか、家から駅までの時間はどれぐらいか、そういったことだ。

信念が正しいことは一般的に役に立つことだ。そうでないと、したいこともできなくなってしまうだろう。店が開いているという信念が間違っていたら、バナナを買いに行っても無駄足に終わり、バナナが手に入らない。東京行の電車が八時一五分に出るという信念が間違っていたら――おそらく時刻表を読み間違えたのだろうが――東京に一一時までに到着することもできなくなるだろう。

もちろん、支障が出るのは状況次第だ。その電車が八時一八分に出るのであれば、それでも問題ない。信念が間違っていたとしても、駅のホームで三分余計に待ち、電車の到着が想定より三分遅れる程度で済む。だが、一般に、正しい信念を持っているのはよいことだ。人間は信念に基づいて行動するのであり、信念が間違っていれば、思い通りにいかないものである。

こうしたことはもちろん、バナナを食べるとか電車に乗るとかそういう日常的な事にとどまらず、社会的、政治的な領域にもあてはまる。例えば、後にあなたがイギリス国民だったとしよう。そして近々イギリスがEUから離脱するかどうかについて国民投票する機会があり、あなたの最大の関心事がＮＨＳ（国民保健サービス）がどうなるかであったなら――合理的に考えるならば――ＥＵを離脱することがＮＨＳを向上させるかどうかという信念に従って投票するだろう。繰り返しになるが、ここで問題になるのはあなたの信念が正しいかどうかである。もし、ＥＵから脱退することで政府がＮＨＳに毎週三億五〇〇〇万ポンド多く支出することができるようになると信じるなら（実際、二〇一六年に展開されたイギリスの「ＥＵ離脱」キャンペーンでは、このことが繰り返し盛んに主張されたのだが）、あなたは「離脱」に投票するだろう。そして、ＥＵ離脱によって本当にそうなるかどうかが問題なのだ。もしその信念が間違っていたとしたら、あなたの投じた一票は望んだ結果をもたらさなかったということになる。

それが真実かどうかはひとまず置いておこう。真実とは何かは、哲学者たちが非常に頭を悩ませてきた問題だ。だが、どんな哲学者も合意する真実がある。それは、「Ｐ」という文が真であるのは、Ｐが、そしてＰだけが真実だという場合のみである、ということだ。「今日は火曜日だ」という文は、今日が火曜日である場合のみ真である。「ソウルは韓国の首都だ」という文が真であるのは、ソウルが韓国の首都である場合のみである。そのほかにもいろいろなことが言える。だとすると、例えば、「ソウルは韓国の首都だ」という文が真であることの確信を、ソウルは韓国の首都であることの確信と同じ程度に持つべきなのである。この点は重要だ。というのは、ただ任意の文「Ｐ」が真であることを信じることは、単にＰの存在を信じることよりもはるかに難しいと、人は時にそう考えているように見える。しかし、実はそうではないのだ。もし神が存在すると本気で信じているなら、あるいは、セリーナ・ウィリアムズが来年の全米オープンで優勝すると心底信じているなら、同様の確信を抱いて、あなたは神が存在することは真であり、セリーナが優勝することは真であると考えるだろう。

真なる信念を持つことは、大事なことである。その信念は、私たちが欲しいものを得るのに役立つ。では、正しい信念を持つにはどうすればいいのだろう？特に、真実と虚偽を見分けるにはどうすればいいのだろう？端的な答えは、「エビデンスを得ること」である。エビデンスの性質や種類については、科学と宗教についても触れながら、次の章でより詳しく語っていこうと思う。とりあえず、ここでは、ごくありふれたエビデンスの源泉について列挙しておくだけで十分だろう。

おそらく最も基本的なエビデンスの源泉は、自分の感覚だろう。裏の戸の鍵を閉めたか、棚にまだバナナがあるかといったことは、行って見てくれれば分かる。暖房を触ってみれば、温風が出ているかどうかは分かる。他にもいくらでも例を挙げることができる。(実は、ここには、私たちが触れない認識論の問題がある。私たちは、自分の感覚がどんな時でも必ず確かなものだいることはない、とどうして言えるのだろう？これは懐疑論の問題である)。

実は、私たちの信念の大半は、それが何であれ直接的経験に基づいている訳ではない。未来についての信念がその例だ。残念だが、バスが定刻通り来るかどうかは、タイムマシンでも手元にない限りわからない。だから過去における直接的な経験に頼ることになる。これまでバスはだいたい定刻通りに来ていたのだから、今日も定刻通りに来るだろうと推論するわけだ（ここでは触れない別の問題であるが、何であれ、過去の出来事から未来に起こることを導き出せるという正当性はどこにあるのだろう？ これは帰納法の問題である）。

けれども私たちは、物事の信憑性に関しては——未来に関わるものにせよそうでないにせよ——たいてい、間接的なエビデンスに頼っている。ニューヨークからボストンへ行く電車に乗った経験がないと、次の電車が出る時刻の見通しを立てるうえで直接的な過去の経験に頼ることができず、オンラインの時刻表を確認するなり、ペンシルベニア駅の出発時刻の掲示板を見るなりするしかなくなる。この番号にかければ友人の電話にかかるということを信じるエビデンスは、あなたのアドレス帳にそう書かれていることだ。オーブンが望んだ温度に達したというのを信じるエビデンスは、ライトが消えたことだ（ランプが消えたというのはあなたが経験したことだが、あなたはオーブンの温度を直接その手で確かめた訳ではない。あなたは、温度計とランプが適切に動いているという想定に頼っているのだ）。同様のことは、あらゆる事象で言えよう。

これらのエビデンスの源泉のどれも、私たちの感覚の直接のエビデンスでさえ、もちろん完全に信頼できるものではない。見たところ扉が閉まっていたとしても、鍵がかかっているという信念が正しいことを保証するわけではない。もしかすると、きちんとドアを閉めなかったので、鍵が閉まっているように見えていただけかもしれない。アドレス帳に電話番号を書き込むときに間違えたかもしれないし、最後に通話してから友人が電話番号を変えたということもあるかもしれない。またもしかすると、もしかするとだが、美味しそうに見えるバナナは実はプラスチック製の作り物かもしれないし、誰かがあなたを騙そうとそれを戸棚に置いたのかもしれない。それでも、私たちは、たいてい気を付けてさえいれば（先に触れた懐疑論と帰納法の問題はさておいて）、こうした入手可能なエビデンスをうまく活用することができる。それらは、虚偽ではなく真実の信念をもたらしてくれるのである。その結果、私たちは、バナナを食べ、電車に乗り、友人と会う約束ができる。あるいは、それがうまく行かなかったときは、人は新たなエビデンスを見出す作業を極めて上手に行うことができる。電話が繋がらなかったら、その番号を使うのをやめ、正しい番号を探そうとするだろう。

真実を話す

本当に重要なエビデンスの源泉の一つは、他者である。以降、本章の残りの部分では、この「他者」に焦点を当てて論じていこう。新聞や歴史書やフェイスブックにそう書いてあったとか、人から直接聞いたとかいう理由で何かを信じるとき、あなたは他者や他の人々を信頼しているのだ。この種のエビデンスは、「証言」と呼ばれている。おおざっぱな言い方をすると、証言は「二次的な」エビデンスであると考えられる。誰かに駅までの道を尋ねたとき、「そこをまっすぐ行って銀行の角を左に曲がると行けるよ」と言われたなら、あなたは彼らがその主張のエビデンスを持っていると期待するだろう。あなたはそのエビデンスが何かを知らなくても、つまり、その人が駅から来たのか、そこに住んでいるのか、たまたまその人が数分前に地図を見てその駅を見つけたのか、そのエビデンスの源泉は定かでなくても、あなたは自発的に提供された情報を信頼するのである。相手が「ちょっと分からないです、すみません」と言ったとしても、その人が言ったことには何かちゃんとしたエビデンスがあるのだろうと思う。同様に、人気のある歴史本に過去のことがたくさん書いてあったとしても、著者の主張のエビデンスについては何もわからないかもしれない。繰り返しになるが、本に書いてあることを信じる場合には、たとえそのエビデンスが何かは分かっていないとしても、エビデンスがあることを信頼しているのである。

証言は信頼できるエビデンスだろうか？　私たちは皆、その答えをすでに知っている。たとえこれまで、そのことをちゃんと順序立てて考えたことがない人でもだ。「場合による」というのが正しい答えだ。誰もが友人の中には、物事を誇張して語ることの多い人や、タブロイド紙のゴシップ欄に書いてあったことを絶対的な真実として語る人がいるだろう。また他方では、どのような話題においても十分な裏付けのない話はしないので、信頼できるエビデンスの源泉と考えるような友人も持っているだろう。

証言に頼ることは、さまざまな理由で危険でもある。これまで見てきたように、人が他者の証言を信頼する時、たいていそのエビデンスは不明であるし、そもそもその人がエビデンスを持っているのかどうかも分からない。見知らぬ人が「駅までの道はそこをまっすぐ行って銀行の角を左ですよ」と言っても、それを信じるかどうかはあなたが判断しなければならない。さりとていちいちそのエビデンスは何だ、と相手に説明を要求するのも礼儀を欠いている。また仮に、エビデンスを提示した人がいたとしても、あなたはそのエビデンスの真偽を確かめる立場にはないだろう。新聞の記事には、記者の主張のエビデンスがある程度書かれている。写真や引用先（つまりこれ自体が証言となる）統計データなどがそうだ。しかし、言うまでもなく、読者はこうしたエビデンスに信頼性があるかどうか、吟味できる立場にないのである。名もなき「情報筋」や「友人」は、信頼に足る情報源なのだろうか？ 写真は改ざんされてはいないだろうか？ 統計データは操作されていたり、誤った解釈がなされたりしていないだろうか？こうしたケースでは、新聞社の規範という、ごく一般的に信じられていることに頼るしかなくなる（つまりしっかりしたエビデンスがないということである）。この新聞社は過去に写真を改ざんしたことがないだろうか、すでに報道された有名人のゴシップ記事について、撤回したり謝罪したりしているだろうか、といったことを考慮するしかないのだ。

証言が抱えるもう一つの問題。それは当たり前のことではあるが、人は時に単純に嘘をつくという事だ。自分の発言を裏付ける十分なエビデンスがないというだけのことではない。自分でも嘘だと分かっている、そう思っていることをわざと積極的に信じさせようとすることがあるのだ。だがいったい、相手が主張している内容をその人が信じているかどうかを尋ねられる立場でもないのに、どうして相手が嘘をついているかどうかを判断できるだろうか？

ここまでの議論をまとめると、

① 正しい信念をもつのは良いことだ

② あなたの信念を支えるエビデンスの源泉が信頼に足るならば、その源泉に頼ることはその信念の真実性を高める良い方法だ

③ 特に、他者の証言については、自分が信用している人の証言が信頼できるエビデンスに基づいたものかどうかを確かめるのは非常に困難ないし不可能である

ということになる。

先に述べたように、「証言はエビデンスの源泉として信頼に足るだろうか？」という問いに対する答えは、「場合による」である。もちろん、まったくそのとおりで時と場合によるのである。だがいったん個々のケースは置いておいて、証言が有力なエビデンスの源だと一般に考える正当な理由があるかどうかを問うてみよう。私たちは元来、他人はおおむね自分に真実を話すものだと思うことができるのだろうか？　その問いに対する答えは「イエス」だろう。しかしこれから見ていくことになるが、私たちは常に、その前提を大きく覆す不安材料に脅かされている。

証言はたいていの場合（もちろん、必ずということでは決してない）、信頼できるエビデン

スの源泉であるという主張について、いささか回りくどくなるが、これから話していくことにしよう。まずは、真実を話すのは道徳的規範に沿うことである、という主張から見ていこう（この主張の正当性については議論が分かれる。ただし、先に述べたように、哲学においては議論が分かれるものを扱うことが非常に多い）。繰り返すが、証言というのは他人からもたらされるものだ。人は温度自動調節器やパソコンやスマホなどとは異なり、道徳的規範に縛られている存在だ。私たち（のほとんど）が知っている規則や行動規範は、日々の生活を送る上で守らなければならないものである。物を盗んだり、故意に人を傷つけたり、とても暑い日に窓を閉めた車内に犬や猫を放置したりしてはならない。これらは、みんな当然分かっていることだ。真実を話すことは、こうした道徳的規範の一つであろう。もっと正確に言うと、私たちはちゃんとしたエビデンスのあることのみを話すべきだということである。つまり、確固たる理由があると考えられることこそが真実だという事だ。確かなエビデンスに欠けることや、間違っていると思われる根拠があることを真実だと吹聴したら、あなたは道徳的規範を逸脱したことになる。

明らかな例外もある。誰も小説に事実が書かれているとは思わないだろう。ダーシー（『高慢と偏見』という作品の登場人物）が実在しないからといって、作者のジェーン・オースティンに悪評が付きまとうことはない。また、お笑い芸人が先日自分の身に起こったこととして笑い話をしても、誰も本気でそれが実際の出来事だとは思わない。こういった話が事実かどうかはどうでもよい。要は、面白いかどうかなのだ。

例外は他にもある。武装した強盗に金品の在処を聞かれたとき、隣の部屋に金品があるという偽りの情報を教えることをとっさに思いつくこともあるかもしれない。家から逃げ出して警察に通報する時間を稼ぐために、そうした嘘をつくのは構わない。どのような時に真実を教えるべきでないのかを判断することは難しい。友達に新しい髪形はどうかと聞かれたとき、ひどいと思ってもよく似合っていると言うべきだろうか？ 小さい子どもにサンタクロースはいるんだよと言ってもいいものだろうか？ だが、時には嘘をついてもいい、言い換えれば、特に優れたエビデンスのないことを言ってもいい場合もあるからといって、一般に真実を話さなければいけないという主張が無意味になることはない（人の命を救うには盗みを働くしかない何らかのケースなど、時には盗みが良しとされる時もあるだろう。だが一般に盗みを働いてはいけないという原則が揺らぐことはない）。

真実を話すのは、道徳的規範の範疇に違いないだろう。では、人は道徳的規範を甘受して生きているものなのだろうか？ その問いに対する答えは（もちろん、例外なく、最初に「たいてい」ということばがつくのだが）、イエスだろう。そのエビデンスは山ほど示すことができる。普段暮らしていく中で、日々、どれくらいの人々と出会うか、そして、そのなかで道徳的規範を逸脱している人がどれほど少ないか、考えてみればよい。見知らぬ人にわざと転ばされたり、罵声を浴びせられたり、盗難や恐喝の被害に遭ったり、喫茶店で不当な料金を請求されたりすることが（そういうことは毎日数え切れないほど起きてもおかしくないのに）、どれほどあっただろうか。（よっぽど運が悪くなければ）そんなことは滅多にないだろう。それ故、ほとんどの人はほとんどの時間、少なくとも普通の状況であれば、道徳的規範に背くことはないという前提を受け入れられる。そして、真実を話すのが道徳的規範ならば、普通の状態であれば、人は本当のことを言うという前提に立てるというわけだ。

あるいは、少なくとも、現状ではそうだと言ってもよいだろう。しかし、その前提が脅かされているようにも思えるのだ。

デマカセ

前節ではおおむね、人々は本当のことを言うものだと私は述べた。だが残念なことではあるが、皆が皆、常に本当のことばかり言う訳ではない。真実を言わない一つの形は、言うまでもなく、嘘をつくこと、故意に事実と異なることを言うことだ。だが、嘘つきでも、私たちが「真実（を言うべきだという）規範」と呼ぶものを少なくとも暗黙のうちには承認し、感じ取ってはいるものだ。例えば、Aさんが予定通りの電車に乗るのをBさんが阻止しようとして、駅はそこを右に行ったところだとAさんに伝えたとする。駅は、左に行ったところだとわかっているのに、である。Bさんは嘘をついているが、それでも真実規範はちゃんと把握している。

その規範を知ったうえで破っているのだ。Bさんにとって大切なのは、ここで嘘を言うかどうかである。Aさんは、Bさんが正しい信念でなく誤った信念を抱いてどこかへ行き、電車に乗り損ねてほしいと思っていたのである。

ではAさんがBさんに駅の場所を尋ねた時、Bさんが頭に浮かんだことを適当に言ったとしたらどうだろう。Bさんは自分の言ったことが正しいかどうかなど考えていない。おそらくAさんにできるだけ早くいなくなってほしかったのだろう。だから適当な方向を指し示したのだ。Aさんがどちらに行っても、Bさんの目的は達成される。Aさんが信じたことが正しくても間違っていても、Bさんにはどちらでも良かったのだ。いなくなってくれればそれでいい。この場合、Bさんは嘘をついた訳ではない。Bさんは本当のことを言ったのかもしれないのだ。最初に頭に浮かんだ方角に、本当に駅があったのかもしれない。だがそうだとしても、Bさんはそれが真実だと思ったが故にそう言ったわけではない。それはただの偶然なのだ。真実を言った事にはならないが、嘘を言ったことにもならない。別にAさんを騙そうと思って言ったわけではないからだ。すでに述べたように、Aさんが最終的に正しい信念を持とうが誤った信念を持とうがBさんにはどうでもよかった。Bさんは真実を言うべきだという規範を認識していなかったか、規範としてわかってはいても気にしていなかったのだ。

しかし、Bさんが駅への道を知らなかったとしても、Bさんが良くないことをしたのは明らかだ。なぜなら、Bさんは本当のことを伝えようとしなかったからである。では、嘘をついていなかったとしたら、Bさんのしたことは何なのだろう？　幸い、ハリー・フランクファートという哲学者が、こうした行為を示す専門用語を作っていた。「デマカセ」である。この用語は、真実かどうかを考慮せずに発せられた言葉を指している。[注1)]

デマカセを言うのにはさまざまな理由があるだろう。ネットの荒らしは、だいたい、デマカセを言う人々である。彼らは人々の反応が欲しくてやっているだけなのだろうから、前にも述べた通り、ネット上のまさに放火魔だ。真偽どころか、自分の発言の内容にまったく頓着していないのである。大勢の人間を煽り立て、怒りのレスポンスを引き起こすことができればそれでいいのだ。また、デマカセを言う人の中には、また、目上の人の意見が信頼に足るかどうかを検討せず、まるでオウムのように繰り返す人もいれば、あたかも自分独自の意見のように言う人もいる。なかには、何らかの理由（例えば、上司の言うことに賛同しなければ解雇されるといったような事情）があってデマカセを言う人もいるかもしれないが、それでもデマカセを言っていることには変わりない。

ドナルド・トランプはデマカセを山ほど述べている。普通に見かける荒らしとは違い、彼は自分の発言の内容を気にかけている。トランプは、自分が素晴らしい大統領であり、偉大な業績を成し遂げ、聡明で誰からも好かれていると、民衆に信じさせようとしている。だが（われわれの見解では）、トランプがツイートや演説で民衆にそう信じさせようとする際、彼はしばしば自分の発言の真偽についてはまったく意に介していない。先ほどのBさんのように、トランプは嘘を言っていないかもしれない。彼はただ、(嘘をつかないという) 真実規範を気にしていないだけなのだ。

例をいくつか挙げてみよう。トランプは次のように言う。

「アメリカの民衆は、アメリカを、アメリカの国旗と国歌を侮辱しているNFL(米国フットボールリーグ)に嫌気がさしている」(二〇一七年五月二八日のツイート)

果たして、それは本当なのだろうか? これまでアメリカの民衆を対象とする(方法論的に妥当な)調査によって、国歌が流れている間ひざまづいていたNFLの選手たちが何かを侮辱しているように見えたかどうか、あるいは、たとえそう見えたとしても、だからといって、民衆がNFLに嫌気がさしたかどうか、明らかになったのだろうか。そうは思えない。

彼には、次のような発言もある。

「トランプタワーのレストランで出されるタコスサラダは世界一だ。私はヒスパニックを愛している!」(二〇一六年五月五日のツイート)。本当だろうか。トランプはどれほど多くのレストランでタコスサラダを食べたのだろうか? 彼は、また、自分が本当にヒスパニックを愛しているかどうか考えたことがあるのだろうか? (もし考えたなら、ごく少数のレイシストが一つの少数民族全部をタコスサラダの美味しさで判断することの是非について、どう思ったのだろう)。

またどこからどう見ても誤っている主張もある。

「ドイツの犯罪率は上昇している」。（二〇一八年六月一八日のツイート）
実際に二〇一七年の犯罪統計を見てみると、ドイツの犯罪率は二〇一六年よりも九％減少しているし、二〇一二年よりも四％減少しているのだ。

こうしたコメントにおいて明らかなように、トランプは自分の発言の真偽にはまったく関心がないように見える。真実か虚偽かは、トランプの中ではどうでもよいのだ。例えば、ドイツの犯罪率が「上昇している」かどうか知りたければ、部下を一人呼んできて確かめさせれば済むことだ。もしも関心があれば、そうしていたはずである。トランプは、犯罪率が上がっていると人々に信じさせたいのだ。その理由はただ一つ、彼がそう言っているからだ。少なくともこうした行状から見ると、トランプには嘘をつかないという真実規範などどこ吹く風だ。彼は、悪いことかどうか考えもせず、店からお菓子を盗む子どもにも似ている。お菓子が欲しい。盗むチャンスがあれば盗む。ただそれだけなのだ。

トランプがデマカセ論者だというのは間違っているかもしれない。彼はこうしたことを事実だと思って発言した可能性もある。だとすると、トランプは嘘をつかないという規範に従おうとしていたことになる。しかし残念ながら、その仮定でいくとトランプは妄想狂だということになってしまう。ただやみくもに、真実であってほしいと思うことを信じる。それは嘘をつかないという規範の上ではふさわしくないことだというのは、誰もが知っていることだ。セリーナが米オープンで優勝してほしいと望んでも、それは彼女が優勝する理由にはならない。

「デマカセ」という概念は、「ポスト真実」を理解するのに役に立つかもしれない。オックスフォード英語辞典によると、「ポスト真実」とは、『世論の形成において、客観的事実よりも感情的ないし個人的な信念への訴えかけが影響力をもつ状況』[注2]だという。だが、私たちには、トランプのツイートやネットの荒らしなど「ポスト真実」の烙印を押されるものは、感情や個人的な信念に訴えかけているようには（少なくとも、たいていの場合）思えない。これらはただのデマカセなのだ。このような言葉を発する人々は、たいてい、自分の言っていることの真偽など考えていないのである。

ではなぜデマカセが問題になるのだろうか？　それは、本当のことを話すのは大切だからである。真実を話すのは道徳的規範に属することであるという先の主張は、思い付きで言ったことではない。間違った情報を信じていると、物事が思い通りにいかなくなる（電車に乗り損なったり、待ち合わせに遅れたりする）というのはすでに見てきたとおりである。偽りの言葉を信じると、それが何であれ良くない結果になる。もちろん、真実を言わない人に対しては、その言葉を信じないようにすることもできる。身近なレベルであれば、それはとても有効な手段だ。有名人のゴシップ記事や占いのコラム、自分の業績を誇張する友人の言葉を（たとえ、彼らが特定のトピックについて真実を言っている場合でも）信じなくても、何の問題もない。しかし信頼というものがより大きく損なわれることになれば、それはわれわれにとって、そしてこの社会全体にとって問題である。X（旧ツイッター）の荒らしによる言葉の爆撃は無視すればいいというのは皆が学んできたことだが、その数はあまりにも多く、不特定多数の人間の証言に対する信頼が揺らいでしまうことになりかねない。信頼は、日々他人とやり取りするうえで必要不可欠なものだ。こうしたデマカセは、ネットの中だけにとどまっていてくれることを祈るしかない。

だが、政治家や報道機関から嘘ないしデマカセの情報が報じられると、非常に深刻な問題になってくる。政治家や報道機関が（少なくとも可能な範囲において）真実を伝えてくれるという信頼が損なわれると、私たちは、自他の生活を民主主義的に決定していく過程に適切に関与することができなくなってしまう。それは電車に乗り損ねるといったことよりもずっと重要なことだ。その過程は、学生ローンとか、雇用問題とか、医療サービスとか、気候変動などといった問題に関わってくる。そして、もしこうした事柄に関する信頼性に欠ける証言がまかり通ってしまうと、あらゆる政治家やジャーナリストに対する信頼が揺らいでしまい、ひいては投票に行く意味すらも見出せなくなってしまうだろう。

だが、こうした信頼性に欠ける証言をただ黙って受け取る必要はない。声をあげ、その行動の理由に説明を求めることによって、多くの道徳的規範は形成されてきたのである。そして、こうした規範はひとたび形成されれば、ずっと定着するものだ。#MeToo（ミートゥー運動）[注3]を考えてみるといい。女性たちは、「こんなことをされるのはもううんざりだ」「これ以上、見て見ぬふりはしない」と言っているのだ。

こうした活動によって人々の行動規範は変化していく。おそらく今、私たちに必要なのは#TellTheTruth（「真実を話そう」運動）だろう。真実を話すことがなぜそこまで重要なのか、それを説明するために必要なものを本章で提供できていたら、これほどうれしいことはない。私たちには守るべきものがたくさんあるのだ。

注1） 原語の bullshit は、でたらめ、ごまかし、でまかせ、といった意味を持つ俗語であるが、Harry G Frankfurt は、“On Bullshit” という著書の中でこの言葉を用いて、真実とは何かを議論した。この本は、山形浩生によって翻訳され、『ウンコな議論』というタイトルで出版されている（二〇一六 ちくま学芸文庫）。

注2） 「信じたいことを信じる風潮」といった意味でも用いられる。真実は二の次なのだ。

注3） #Me Too とは、同じような被害に遭った人が（SNSなどでハッシュタグをつけて）「私もよ」と声を上げることである。セクハラや性的被害に遭った人々によってよく使われる。

第3章　世界を理解すること

この世界は、無数の謎に満ち溢れているように思えてならない。Ｗｉ‐Ｆｉがどのような仕組みで動いているのか。橋を作る上で最も優れた形状とはどのような形か。ベテルギウスまでの距離はどれぐらいあるのか。こうした数々の謎を解き明かすには科学者に尋ねるのがいちばんだが、科学者にも手に負えないその他の謎は山のように存在する。自由意志とは何か？最善の政治体制とはいかなるものか？認知症患者の介護をする際、親族の希望をどのぐらい取り入れるべきだろうか？これらはどれも難しい問いであり、少なくともその一部は哲学的なものといえる。本書の後半では、こうした問いに対してある程度焦点を当てていこうと思う。けれども、ここではまず、科学と哲学という二つの分野の問いについて、また、両者が持っている異なる役割について考えていこう。こうした探究は、この世界を全体として理解するうえで役に立つだろう。

種々の知的活動の区分は明確でないこともある。学問の垣根を越えて協力して探究しなければ解けないような問いも存在している。しかし、もう良い年をした大人がそんなことにこだわる必要はないと言う人もいる。残念ながら、非常に多くの著名な科学者たちが、「哲学は過去の遺物であって実用的なものではない」、「神学などは取るに足らない学問だ」、「人々の関心を引くけれども、偽りを語っている学問もある」、などと、深く考えもせずに公言してはばからないので、事態はややこしくなっている。なかには、世界を理解しようと協働作業をするときに汗を流しているのはすべて科学者で、それ以外の人々はただ見ているだけか、科学に便乗しているだけ、もっと言うと、彼らは科学が客観的真実に的確に光を当てようとするのを妨げて、人々の関心をそらしているのだ、と考える者までいるくらいだ。

そこで本章では、哲学とは何かについての理解を深め、他の学問との境界線を探ることで、この世界の本質に関する極めて哲学的な問いを見出し、その答えを導き出す一助としようと思う。特にここでは、相互に関連したいくつかの問いをとりあげよう。そして、科学的なプロジェクトの根底に哲学的な問題が存在することについて考えるための例を提示しよう。実際、哲学的ではあっても科学的ではないようなこの世界の本質についての問いもまた存在するのである。本書を読み進めれば、科学がすべての問題の答えを出せるわけではないこと、そして、それで良いのだということを理解できるだろう。哲学もまた、すべての疑問に対する答えを持ち合わせているわけではない。科学は偉大だ。本当にそのとおりである。私たちは別に科学や科学者たち個々人に恨みがあるわけではない。

少数ではあるが、何人かの著名な科学者たちが（暇なときに）考えている問題がある。その一つは無神論である。科学が捉えようとする領域は、この世のすべてに及んでいるわけではない。そのことを証明するためには、この世界に神の領域ないし超自然的な領域が存在するかという問いを提示すればよい。この問いは、この世界と、そのなかの私たちの位置を理解するうえで本質的な問いであり、科学とは（あるいは神学でさえ）直接結びつかない。しかし、この問いは（少なくとも）哲学的な問いでもある。これは科学者や神学者にとってはセンシティブな問いかもしれないが、少なくとも哲学的なものであることに間違いはないのだ。とりあえず、ここからは、この問いに戻って考えよう。（先に言っておくが、私たちはこの問いに答えは出さない）。

無神論をとりざたしたリチャード・ドーキンスは、本やインタビューで熱弁をふるう際、哲学にも触れていた。彼は、神学者や宗教の信者たちは、彼が納得できるようなエビデンス、すなわち、科学的なエビデンスを提示する能力がないことを長年嘆いていた。だがもし、この問いが科学的な問題ではない（または科学的な問題にとどまらない）としたら、科学的なエビデンスだけを求めるのは理にかなっているとは言い難い。ここで私たちは、科学ないし宗教のコンテキストにおける「エビデンス」の性質を検討し、世界の本質に対するどちらの見方が正しくて、どちらが正しくないかを決定する際には、哲学的次元を避けて通ることはできないということを主張してみたい。まずは科学から始めよう。

科学は作業を始める前にありとあらゆる仮説を立てるが、それらは綿密な科学的検討を経て出された結果というより、むしろ、哲学的な主張をあらわしている。科学的実験それ自体に取り組む姿勢についてとりあげてみよう。実験は真実を見つけ出す方法である。しかし、そのことを証明する実験など存在しないのは明らかだ。実験の価値を証明するために実験を行うのでは、堂々巡りになってしまう。なぜなら実験の結果判明した実験の価値を信じるには、実験は有意義なものだと前もって信じていなければならないからだ！　そんな実験はする必要がない。私たちが物事を証明するのに用いるやり方は、証明する対象とは切り離されたものでなくてはならない。セシウムの塊を浴槽に放り込んだらどうなるかを見るのであれば、実験は非常に有意義な方法かもしれない。だが真実を見出すために実験が有効な手段かどうかを確かめるには、実験はまったく役に立たないのである。

思考実験

幸い、野外に出て行ったり実験室で実験に明け暮れたりしなくても、この世界の真実を見出す方法はある。哲学者も科学者も用いる方法として、「思考実験」というものがある。思考実験では、まず一定の状況を記述し、もしも、その状況が現実になったとしたら、どんなことが起こりうるか、何が真実でありうるかを考える。あるいは、その状況は、これまで使ってきた重要なターム（用語）を本当には理解していなかったということを明らかにしているのではないか、といったことについて考えていく。思考実験によって、綿密に構成された仮想のシナリオから、どのようなことが起こるかを考えることができる。思考実験が示すのは、この粒子をあの粒子にぶつけたらどうなるか、酸素をなくすと火はどうなるかといった一般的な結果ではなく、この世界について考えるうえで前提になっているある種の押し付けられた考えである。思考実験にはさまざまなやり方があるが、よく行われるのはこれまで私たちがどのように考えていたかを明瞭にし、そのうえで、その考え方が理にかなっていない、あるいは間違っていたことを示す手法だ。

まずは、哲学的手法と科学的手法が上手く組み合わされた有名な思考実験から見ていこう。ガリレオは、古代ギリシャの哲学者、アリストテレスが提唱した、重いものは軽いものより早く落ちるという考えが正しいかどうかを検証する状況を考えた。この思考実験は次のように言い換えられる。例えば、スタインウェイのグランドピアノをランドシーアの絵画、「The Champion」と糸で結びつけ、両者を一緒に二階の窓から投げ捨てたとする。もし軽い物がゆっくりと落ちるのなら、（ピアノは早く、絵画は少し遅く落ちるから）糸がすぐにぴんと張り、（絵画がピアノのパラシュートの役割を果たし）その分だけピアノの落ちる速度は遅くなるだろう。だがその一方、ピアノと絵画と糸が合わさった重さは（ピアノに絵画という重りが取り付けられたことになるから）ピアノ単体よりも重くなり、その総体はピアノだけの場合よりも速く落ちることになるとも考えられてしまう。とすると、ピアノと糸と絵画の総体が落ちる勢いは、ピアノ単体よりも速くもあり、遅くもあるということになってしまう。この矛盾は、アリストテレスの仮説が間違っていたことを示している。ある仮説が矛盾を引き起こすなら、その仮説自体が間違っているというのは一般的な常識だ。現実に起きていることで矛盾していることなど何一つないからだ。こういったことは、快適な椅子から立ち上がったり、まして、高価な楽器を壊したりしなくても分かることである。ここで行ったことは、実際にやってみて結果を観察することではない。二つの物事が矛盾すると判明した場合、実験を行うまでもなく、どちらもあり得ないことが分かる。もう少し言うと、ある状況を思い浮かべ、そこから二つの矛盾する結果が導き出されると、結果となる状況自体がありえないものだということが分かる。したがって、今回のケースでは、アリストテレスの仮説は間違っていたことが明らかとなる。なぜなら、彼の仮説が正しかったなら、ピアノが落ちる速度はピアノと絵画の二つが結びつけられたときに落ちる速度よりも速くもあり、かつ、遅くもあるという二つの矛盾した結果が導き出されてしまうからである。

このことから分かるのは、私たちが求めているエビデンスには、種類の異なるものがあるということである。爆発はどのように起こるかとか、ガラスのコップを落とすと割れやすいのはなぜか、といった問いは物質的なエビデンスにより答えられるものだし、互いに相反する仮説が両方とも真であることはない、ということを示すエビデンスもある（皆さんの中には次のような鋭い質問を投げかける人がいるかもしれない。「二つの矛盾する事柄があるとして、少なくともどちらか一方が間違っているとどうして言えるのか」と。良い質問だ。でもそれについては別の本を参照してほしい。その本はきっと哲学について書かれている本であり、少なくとも哲学的なロジックに関する本であろう。今は、とりあえず本書に戻ろう)。

二つ目の例について考えてみよう。今度は本当に形而上学的な思考実験である。古くから知られている、彫刻についての次のような謎がある。朝、オリーブという名の彫刻家が、近くの川から一かたまりの粘土を持ってきたとする。彼女は戯れに、それに「ランプ(かたまり)」という名前を付けた。コーヒーを飲んで少しばかり考えた後、海辺のアトリエの周りに広がる大自然に触発されたオリーブは、ツノメドリの彫刻を作ろうと思い立ち、その粘土を使ってお茶の時間までには見事に完成させた。彼女はその作品を「パフィー(ふくらみ)」と名付けた。

では、ここで問題だ。今、オリーブの作業台には一つの物が乗っている。パフィーとランプは同じものだ。そう思うのはとても自然なことだ。だが、その考えには疑問も生じる。パフィーとランプには重大な違いがあるからだ。あるものを認知する時には、「それはいつできたのか」と尋ねてもよいだろう。このケースでは、ランプとパフィーについての答えはそれぞれ異なる。ランプは先に生まれ、オリーブがコーヒーを飲み、考えている間はそこにあった。このことから、最終的にランプとパフィーは二つの異なる物体であることが分かる。

ある物が辿ってきた歴史に関心があるなら、こういった問いも浮かんでくるだろう。「その物の存在を消すにはどうすればいいのか?」と。すると、ランプでもパフィーでもない、新たな答えが求められるかもしれない。もっといいものが作れると思ったオリーブが翌日、パフィーを叩き潰して球状に戻し、パフィー2号の制作に取りかかろうとしているとしよう。すると、ランプはまだそこにあるが、パフィーはなくなってしまったように見える。だとすると、その状態でも作業台に乗っているものが二つあると考える正当な理由があることになる。

ガリレオの思考実験が重いものが軽い物より早く落ちるという説の矛盾を暴く試みであったように、ここでもまた、オリーブの作業台の上にある物が一つだという主張は矛盾をもたらすことになる。例えば、オリーブがコーヒーを飲み終わるまで、ある物が存在していたと同時に、存在していなかったと考えさせられることになる。物質的なものに対する私たちの考えは、自分たちが思っていたほど一貫したもの、ないし簡潔なものではないということが分かる。もっと深く考えてみる必要があるのだ。この問題に対する答えは、実際に科学的実験を行っても得られはしない。粘土の重さを測ろうが、大きさを測ろうが、組成を調べようが、この問題の解決の糸口は見えてこないだろう。

理論的美徳

ある理論が別の理論より優れているかそうでないかを確かめるうえで、実験から得られるエビデンスに頼らないもう一つの方法がある。それは、その考えをいわゆる「理論的美徳」に照らしてみるというものだ。理論的美徳とは、提唱される複数の説が互いに矛盾していないか、できるだけ簡潔に表現され、かつデータがきちんと説明できているか、といった点を評価することを言う。一例として、この世界は平らである、という観念について考えてみよう。既存のデータとも矛盾しないようにするには相当な努力が要求される。ある程度高い丘に登ったり、海の向こうを眺めたりするだけで、この星は丸みを帯びているとはっきり思えてくるだろう。それに現代では、宇宙から地球を撮った写真も存在する。ここで陰謀論を持ち出すこともできる。世界は平たいとわれわれに思わせているのは政府なのだという、何だかよくわからないその理由をいくつかあげつらってもよい。しかし、そうすると自説がさらに混乱してしまうだろう。地球は丸いという説を認める方がずっと簡単だ。世界は平たいという説はややこしいばかりで、今あるエビデンスを覆すことはできない。

単純明快さなどといった理論的美徳に私たちが惹かれる理由。これに科学的なエ*ビ*デ*ン*スが存在するという訳ではない。むしろ理論的美徳は哲学に欠かせないものであり、それなくしては、データを収集し、それを可能な限りシンプルな形で説明する実験科学を進めていくことができないのである。

私たちは、別に誰かをこの土俵から追い出そうとしている訳ではない。科学は哲学的な土台の上に成り立っているという事実は、誰かをおびやかすものではないはずだし、また「科学にできることはすべて哲学にもできる」と言おうとしていると思ってほしい訳でもない。そうした考えは、哲学とそれに必要なものを誤解することと同様、あるいは、哲学を死んだもの、ないし無用の長物と捉えるのと同様、良くない考えである。要するに、哲学と科学を理解するには最も良い方法があって、それはこの世界をできるだけ十分に理解するために、両者が協働できると見なすことなのである。

エビデンスと無神論

無神論と信仰についての一般の人々の議論に目を向けると、ある問題が浮かび上がってくる。それは、エビデンスというものを本質的に誤解していることからくる問題だ。この問いはよく話題にはなるが、今日の科学者にとっては足を踏み入れにくい領域である。科学的方法や科学的理念を大切にすることは、神の実在を信じることと相容れない。多くの人がそうした確固たる信念を持っている。

この世界に超自然的ないし神的なものがあるかどうかの判断が、この世界がどのようなものなのかを理解するうえで重要であることは明白だ。もちろん、神の存在を信じさえすればすべての問題が解決する訳ではない。神に祈りを捧げるべきかどうか、祈るべきだとしたらどのような形が良いか、神はどのような特性を持っているのか、神は人間に対して何かプランをもっているだろうかなどといったことについては、まだまだ議論の余地がある。しかしこんな込み入った問いに答えなくても、単に神が実在しているとするならば、私たちの現実世界の根底にある性質に対する見方が大きく異なってくるだろう。では、おそらくこの領域において最も明らかな問題、すなわち、「神は実在するか?」という問いにはどう答えたらいいのだろう。

神が実在するか否かについて、ここでその結論を出そうとしているわけではないと言っても、読者は別に驚きはしないだろう。あるエビデンスを過信すると道を踏み外してしまうことがあるが、この話を持ち出したのは、その一例を示すためだ。

「無神論者の有名人」で、ここ数年、最も声高に持論を展開しているのは科学者たちだ。その中には、著名な物理学者や生物学者がおり、知名度ではいささか劣るものの化学者もいる。彼らはみな、神の実在を信じるに足るエビデンスなどまったくないと考え、あるいはそう考えているかのように振る舞っている。それについて少し見ていこう。

まず、神の姿を見たとか、神と直接話したとかいったことの論拠となる、科学的に再現可能で信頼に足るエビデンスはこれまで存在していないということは率直に認めてもよいだろう。しかし、最初からそう認めてしまうと、無神論の方に傾くことになりはしないかと不安を抱く人もいるかもしれない。これらの出来事をエビデンスとして認めておかないと、無神論者の側に勝利を譲ってしまうことになるというわけである。

しかし、ここでは、単に(聖)霊は実在しないと認めておくだけでよい。もしあなたが、エビデンスは一種類だけでよいと思い込んでいるなら、それは無神論者の有名人と同じである。

一方で、宗教を信じている者はなかなか負けを認めないものだが、無神論者の方も安易に勝ち誇るのを控えるべきである。望遠鏡をのぞいて見えた事実や、発見された化石、研究所にある立派な機器からはじき出された結果などといったもの以外にも、何かを信じる理由はあるのだ。「爆発の原因」や「落ちたガラスコップが割れる」といった類の物事とは違うタイプのエビデンスがあるのは、これまで見てきたとおりだ。少なくとも、他の種類のエビデンスがこの分野においても貢献できるかどうか確認しておきたい。

もちろん、貢献できるところはある。しかし、では、どのように役に立つのだろう。例えば、こんなふうに考えるのはどうだろう。私たちが興味を抱くすべての問題を科学が解決できないとすると、ありとあらゆるエビデンスを説明する最も単純かつ体系的な方程式として、神を信じるに足る理由を提供する理論、その基礎に神が含まれているような理論も想定することもできる。

手に入るデータを効率的に説明できる理論には美徳があるということはすでに述べた。そのこと自体は、神は実在する、世界は平たい、女王陛下の正体はトカゲだといった主張とも食い違うことはない。こうした主張をこの上なく適切に説明できる観測結果があると判明したら、その理論をある程度信じる理由になるだろう。一方、他の理論同様、もしエビデンスの礎となる体系が丸ごと変わってしまったら——例えば、新しい事実が発見されたり、これまで信じてきたことが誤りだと分かったりしたら——考えを変える必要が出てくる。私たちの見解では、現在入手可能なデータや観察結果に照らすと、この世界の成り立ちを説明する最も簡潔な理論の中には、先ほどの種々の主張が含まれていない。

だがもし私たちが神を含む世界の性質についての体系的理論を構築できたり、そういう理論に出会ったりしたら、しかも、その理論がこの世界の本質を的確に語り、かつ神がその理論の中核をなしているとしたら、真摯に向き合えば、それが神の実在を証明する理論的エビデンスを提示しているように見えるだろう。神が実在し、また電子も存在していると証明する筋の通った理論があれば、あらゆる物事をうまく説明できるようになるし、神と電子の両方が確かに明らかに存在しているように見えるはずだ。

もう少し後で神についての話題はいったん置いておくとして、とりあえずは「観測された出来事を簡潔な理論で説明できていれば、確かにそのものの実在を証明できる」という考えについて、もう少し検討してみよう。つまり、冷蔵庫の使いかけのバターにゾウの足跡のような模様ができていたとして、それが冷蔵庫にゾウがいて、そのゾウがバターを踏んだことのエビデンスとなるのかどうかという話である。

エビデンスと説明

科学によりもたらされた研究結果は、この世界の真の姿を（少なくとも一部は）見せてくれるのだろうか？　現代の優れた科学的理論は電子の存在に言及しており、これにより極めて複雑な化学反応からスイッチを押せば電灯が点る仕組みまで、数多くの現象をうまく説明できている。哲学者のなかにはこうした科学理論が、この世界には電子が存在すると信じるに足る理由を提供していると考える者もいれば、より慎重な言い回しで、電子の話を含む体系的な説明は、オシロスコープのスイッチを入れると次にどんな結果が出てくるかを予想する手がかりになるぐらいのものだなどと言う者もいる。後者のような哲学者たちは、科学実験から得られる知見は、この世界を理解する体系的な方法の一つにすぎないと捉える。科学者は、この現実世界が物理学的説明に即しているかどうか真剣に考えていないというのである。

それだけを聞くと、おかしなことを言っているように思えるかもしれない。「世界が実際どのようなものであるのかは、科学ではわからない」というのはどういうことだろうか？　科学の対象はすべてに及ぶのではないのか。世界は実験の対象ではないか？　顕微鏡は小さすぎて見えないものを見えるようにするものではないのか？　そのような話は、椅子が本当にそこにあるのかと悩むステレオタイプの哲学者像にぴったりのお話しに思えてくるかもしれない。

実際、たいていの科学者は（いや、むしろ、すべての科学者が）前者の哲学者のグループに賛同するだろう。しかし、だとしてもこの答えにまったく疑問がないとは言えない。それは、科学者のほとんどがその答えに満足していて、これ以上議論を重ねようとは思っていないというだけのことだ。それはそれで別に構わない。そんな議論をしたところで、彼らが自分の仕事をよりよくこなせるわけでもないだろう。その答えは科学的研究を積み重ねれば分かるようなことではないし、科学者たちの仕事は科学的研究なのだ。

そこに哲学的な議論を挟む余地があるとしても、その議論をどう着地させればいいか分からないだろう。これまで通り、ここでもエビデンスについて考える必要がありそうだ。

日常生活においても、科学的実験によりもたらされるものと同じようなエビデンスが必要になる場合は多い。その場合のエビデンスの集め方も、科学的実験と大体同じだ。A地点までの最短ルートがBを経由するルートか、Cを経由するルートかを確かめたいと思ったら、それぞれのルートを通った時間を測ってその結果を比較するだろう。タオルの洗濯には洗剤Cがよいか D がよいかを調べようと思ったら、両方使ってみるだろう。しかし、ケースによっては「エビデンスを集める」ということの意味が人によって異なる場合もある。

思考実験を行うことで二つの仮説が矛盾する結果を導く場合、どちらも間違っていることを発見することができることはすでに述べた。その他のエビデンス探しにおいても、たいていの場合、深遠なことやなじみのないことなど何もない。犯罪捜査について考えてみるといい。経験則に基づいて捜査が進められる場合が多いだろうし、時には、より直接的で科学的なエビデンスが求められることもあるだろう。犯行現場にあったウィスキーのグラスから採取されたDNAは容疑者のものだろうか？　あるいは、捜査官がないと解けない疑問があるかもしれない。それは全ての経験的エビデンスをひとまとめにして、犯罪の全貌を包括して体系的に説明するために必要なものだ。

エルキュール・ポアロが、自分よりセンスの劣る大尉が必死で動き回って捜査しているのを鼻で笑うのを思い浮かべてみよう。「ちょっと、ヘイスティングスさん！　あなたはいつもやみくもに駆けずり回っていますね！　いい加減あなたも灰色の脳細胞[訳注1)]を使ってみてはどうですか。よくお聞きなさい、わが友よ！　謎を解く鍵は犯人の心理にあります。ボリントン大佐のようなおとなしいタイプの人間が、たった数百ポンドのためにパリまで飛んで、妻の甥の頭を火かき棒でたたき割ったりするでしょうか！　そんなことはありえない！」

ポアロはただ経験から得られたエビデンスを述べているだけではない。ポアロとヘイスティングスを隔てたもの、それはある認識の有無だった。個々のケースを糸で結びつけるために必要なことは、同じ様な種類のエビデンスをもう一つ見つけることではなく、他のすべての要素を結びつけるようなより総括的なレベルのエビデンスを見つけることだという認識である。

似たようなことが、先ほどとりあげた議論、すなわち、最新の科学的理論は本当に世界の真実を明らかにしているのか、という議論でも起こってくる。これから探ろうとしているのは、議論しているときに、私たちがそれまで真実だと信じ切っているものと対立する側の立場に立つとどう見えるかということだ。例えば、科学者はもっぱら予測を的中させるが、その予測は電子やダークマターといったものの存在を主張する彼らの理論に基づいたものだ。もしそうしたものが本当は存在しないのだとしたら、予測が的中するのはまったくもって理解不能なことになるので、そのような不思議な理論はできるだけ避けた方が良いと考える哲学者もいる。

しかし、仮にこのような種々の哲学の立場のどれを取るかを最終的に決断するうえで役立つようなエビデンスが見つかったとしても、その選択が科学それ自体には実質的な違いをもたらさないとしたら、一体何の意味があるのだろう？　そう……まずは世界がどのようにして成り立っているのか、「世界」とは（最も一般的な用語として）何なのか、それに関してできるだけ多くの説明を集めることが重要になってくる。科学は世界の一部ではあるが単なる一部ではなく、また、ほとんど大部分を占めているわけでもないことが分かるだろう。

こんなふうに考えてみてはどうだろうか。誰しも、ケーキを焼く時には、まず、どの砂糖を使うか、油脂や小麦粉はどうするかなどを決めるだろう。しかし、そうした決定に役立つ情報を集めるにあたって、この世界について一般的・抽象的に考えたりする人はいないだろう。ちゃんとしたケーキを作るという、目の前の課題に集中しているはずだ。砂糖についていろいろ考えられることはあるけれども、当面は、ちゃんとほどよい甘さになるか、水と良く混ざって簡単に冷えるようになるかということだけが関心事で、それ以外のことは気にしていないだろう。気にする人もいるかもしれないが、この世界にはあまりにも気になることが多すぎる。そんな事を気にするなというのではないが、あなたはこのバタークリームの濃さはこれでいいかどうかといったことの方が気になるに違いない。まして、炭素が水素とどう結びつくかとか、糖の一分子内にいくつの酸素原子が入っているとかいうことなど知ったことではないだろう。

原理的にはそうしたことも重要かもしれないが、どういうケーキを作るかも大切で、あらゆる事に関心を向けることは不可能だ。ビクトリアスポンジケーキに空気を含ませようとしている時に、分子構造について考えたりすると気が散ってしまうだろう。

より科学的な思考が求められる雰囲気になれば、まさにこういったことが気になるだろうし、それらは魅力的なテーマかもしれない。たしかに、何かを焼くという現象自体は興味を引く。しかし、(組み上げたハドロン衝突型加速器から出てきた結果などに目を通すことができないほどに空腹だったというわけではないにせよ)、ともかく今は早くケーキを食べたいと思っているのだ。

もちろん、この世界に興味を抱く入り口は、ケーキを焼くことや、物理学や化学だけではない。ケーキを焼く様子を見た化学者は、それは世界を知るうえで自分が好む方法ではないと思うかもしれないが、逆の立場から同じことも言える。特製の帽子をかぶってケーキを売っている店員は、ケーキを焼く際の複雑な工程など気にはしないし、水素原子の重さなどなおさらだ。興味を抱いてもよいことではあるが、当面の関心事は別のことであって、そうしたことは他の専門家に任せた方が良いとわかっている。

それゆえ、私たちは論理を飛躍させたり、実際に役に立つ科学を拒絶したり、哲学者は科学者よりも科学的な問題に取り組む能力が上だなどと言うつもりはない。むしろ科学に目を向け、それに魅力と価値を感じ、世界を十全に理解するうえで有用ではあるとは思う。そして、調べ方としては十分に一般的なものであるし、そう思ってはいる。私たちが興味を抱いていることについて調べる上で、それが万能な方法ではないというだけのことだ。でも科学者の皆さんには心配しないでほしい。ケーキを焼いても全てが分かるわけではない。ケーキが科学や哲学よりも大切だとしても！　ただ、膨らし粉はケーキを膨らませるけれども、何度おいしくふっくらとしたケーキを焼いたとしても、そこからある物が別の物にどう作用するかについて、普遍的なことは分からない。逆に言うと、因果関係とは、ある事象が次の事象を引き起こす規則性の話に過ぎないのかという問題に答えたところで発電所を建てようとする際には何の役にも立たない。タービンを動かし、電力を生み出すのに必要な燃料を確保する方法が分かればそれで充分なのだ。

ケーキ屋の店員はケーキ職人と競合関係にある訳ではない。ケーキ職人は、科学者から「キャラメルの作り方も知らないんだね」などと言われるとは思わないだろう。そんなことはありえない。もしそういうことを言う科学者がいたら、良くて何か勘違いをしているか、最悪の場合、気が触れていることになる。科学者には、哲学者が自分たちの領域に立ち入ろうとしているとか、哲学者は科学者よりも科学の方法についてよく知っていると主張しているなどと思ってほしくない。形而上学が問うているのは、より一般的かつ抽象的な問題だけなのだ。そうした問題は、どちらも興味をそそり、筋が通っていて、取組みがいのあるものだ。世界を可能な限り知り尽くすという壮大なプロジェクトにおいては、どちらも役立つものなのだ。この課題を成功させるためには、科学者と哲学者のどちらも必要だ。そしてまた、私たちはケーキもビスケットも食べたいのである。

ひとたび、ある哲学的な仮説を設定すると、他の種類の探求にも取り組むことが可能になる。もしも、この世界が基本的に物質（微少な物体）からできていると仮定すると、科学が得意とする実証的研究を行うことが理にかなってくる。しかし、もしもその仮定から入らず、世界には物質的な側面と非物質的な側面があるとしたり、あらかじめこうした仮定を持たないまま始めたりすると、例えば、神を内包した世界の理論を打ち立てる余地が出てくる。

一つ例を挙げてみよう。科学だけでは価値観の問題に答えられないため、道徳性の基盤としてわれわれは宗教を必要とすると信じている人々がいる。進化論を信奉し、神による創造を否定し、その点において、科学は宗教に勝ると考える人でも、このような見解にすんなりと同意できるだろう。

私たちは、道徳性の基盤として宗教が必要となるという見地には立っていないが、その種の見方をすべて最初から否定しようとも思っていない。こうした理論は、神を除外した他の理論とオープンに比較検討されてしかるべきだろう。さもないと、私たちはこれから証明しようとしていることを前提条件とする、いわゆる論点先取を行うことになってしまう。一つの宗教における世界観を別の宗教のそれと比較するのは、宗教的な世界観一般と、宗教に依らない世界観一般を比較するのとは異なる。こうした検討を始めるにあたっては、仮定に対して返ってくる答えを一切予想せずに進めなくてはならない。さもないと検討結果がその前提に縛られ、比較がフェアなものにならない可能性がある。そうしたバイアスは結果の判断に影響しかねないし、その結果が正しいとする説得力が欠けてしまうだろう。

無神論に関する議論がどういう結末を迎えるにせよ、――神はいるのかいないのか、宗教か無神論かといった議論において、最終的にどの説を選び取るかを決める際には、哲学的な思考が必要になる。このことを、私たちは改めて心に留めておくべきだろう。どの理論がより簡潔か、競合する諸理論はその理論内部で整合性があり、また私たちが否定したり変更したりすることができない他の確固たる信念とも矛盾しないか？　こういった疑問は、まさに、哲学的に不可避な命題である。

神について語る理論こそが最も優れているという結論に、宗教を信じる者がみな満足するとは考えにくいが、たとえその理論が優れているとしても、そのことによって神が実在するということにもならない。というのも、個々で検討する諸理論は、私たちの経験を体系的に整理し、考慮に入れるうえで役立つのではないかという希望を与えるだけであって、背後にある真実に結びつくものであるとは言えないからである。だが、理論の正当性を示すエビデンスがあるとわかれば（それが最も広い意味でのエビデンスであっても）、私たちはそれを信じるべきだろう。

「こうした議論から、どんなメッセージを読み取れというのだ？ ケーキの話ばかりしてる訳にもいかないだろ。ケーキが人生を占める割合なんてせいぜい四〇％ぐらいじゃないか」こんな意見もあるだろう。いや、私たちはビスケットの話もしていたのだが……、だとしても、この意見は基本的に正しい。この世界について理解することが最終的な目的であるならば、つまり、具体的なレベルから抽象的なレベルまで、あらゆる側面を適切に理解することが目的ならば、私たちは科学と同じように哲学も必要としているのだと気づくことが最も重要である。さらに、文化や政治などの領域について、すべて細部まで理解しようと思ったら、歴史学や経済学や神学なども必要になってくるだろう。これらの学問は互いを排斥したり互いに対立したりするものではないし、そんなことがあってはならない。これらの学問は生産的な形で協力しあうべきなのである。哲学がこの世界を理解するうえでなぜ重要なのか、その理由の一端は少なくともここにある。

訳注1）ポアロが自分の頭脳を誇る時に使う言葉。

第4章　いかに行為すべきか

間違った社会実験の犠牲者にされてまったく孤立した環境で育った人でない限り、他者との交流は自分の人生における指針の一つになっているはずだ。それは今までも、そしてこれからもそうだろう。家族で食事をするとき、友人と電話で話すとき、店員に支払いをするとき、通行人に道を尋ねるとき、発疹が出て医者に診てもらうとき、我らがグラインドコア・バンド[訳注1)]がアポロ・シアターで演奏するとき、五番街で蜂の格好をして無料のアイスクリームを配る時、あなたは他者と交流している。それよりはいささか分かりづらいかもしれないが、ツイートで誰かにタグをつけるときや、本の中で誰かの悪口を言うときでも、その相手と交流していると言っていいだろう。

実は、こうした交流のすべては、明瞭なものから不明瞭なものまで、さまざまな形で監視されている。場合によっては本当に警察が来ることもある。誰かを生垣に突き飛ばして帽子を盗めば、逮捕されて当然だろう。こうした監視は内在化されている。それは良識ある市民として自らの行動を制御しなければならないという社会的、道徳的規範を身につけていることによるものだ。道の真ん中で大声で叫んでいいことと悪いことがあるのは誰もが知っていることである。大声で叫んではいけないことすべてを書き記したリストが存在する訳ではないが、越えてはいけない一線がどこにあるかは皆それぞれよく分かっている（誰もがまったく同じところに線を引く訳ではないが）。それに、私たちはかなり早期の段階から倫理観を発達させているように思える。もちろん、幼い頃は取るに足らないことについて善悪を区別するものだし、時には、自分本位に考えることもあるだろう。誰しも、子どもの頃、お菓子の配り方が不公平だと怒ったり（当り前である、お菓子の取り分を不当に少なくしてもよいと思う子どもなどいない）、「もう9歳なんだからお兄ちゃんと同じように遅くまで起きていさせて」などと親に訴えたりしたことがあったのではないだろうか。

道徳と法

監視には道徳的側面と法的側面の二種類があるが、両者の境界は曖昧である。道の真ん中で誰かに怒鳴ったために、本当に警察に逮捕されてしまうこともあるだろう。ここで、どのような行為がそれに当たるかについて読者に教え込もうというつもりはない。境界線がよく分からないなら、（自分が今いる）こちら側にとどまっていることを心がけたほうがよいだろう。現に直面している状況では経験則が役に立つ。「街路では誰に対してどんなことを伝える場合でも怒鳴ってはならない。電車が向かってきていることを警告する時のような緊急事態を除いて」というわけだ。一方、時には一つの事案についてさまざまな法的判断がなされる場合もある。そして、裁判官はどのような罰が妥当かを判断するために、ある程度倫理的に省察せざるをえない。このように、私たちの公的な生活のもう一つの側面においては、哲学が中心的役割を果たすのである。

倫理学は哲学から派生した一領域であり、非常に簡潔に言うと善と悪を取り扱う学問だ。この分野は、当初から現在まで世界中ではるか昔から、哲学という学問の中心にある。これまで論じてきたような哲学から分岐したさまざまな分野と同様に、倫理的な思考を要する問題はとても身近に感じられるだろう。誰しも、個人としてどう行動するか、政治的に何を選択するか、どのように健康管理するか、などといったあらゆる事柄について倫理的な次元に関わる決断を迫られてきたに違いない。

ここまでの話は日常生活と深く関わるような場面での道徳と法の相互作用についてであったが、両者の相互作用は他の場面でも生じる。例えば、職業上の義務において、そうした相互作用が生まれることもある。上記のケースをもういちど頭に浮かべ、それらを別の角度から見てみよう。医者が患者に処置を行うとき、また警察官が拘束された人を扱うとき、そこにはきちんと明文化された規則がある。無論、こうした公式に規定されたもの以外に、より日常的な対応に認められるような、広く行き渡っている不文律がある。優れた専門家は、契約を結ぶさいに道徳と法を仲介し、両者の妥協点を見つけ出す。こうした規範、法、契約は、何らかの哲学的内省を加味して作成するのが理想的だ。できれば、専門の哲学者の助けが加わるとなおよい。

より広い視野に立つと、社会が全体として、あるいは、社会を代表する組織としての政府が、自国や他国の市民に対して（居住地が国境の内か外かを問わず）、どのような対応をすることが許されるかを定めた規則がある。そして、その規則によって一線を越えていないかどうかを判断することができるのだ。国際的なところでは、どういう条件ならば、大勢の人間が死ぬとわかっていても戦争に踏み切ってよいかを判断する規則がある。より身近な例を挙げると、政府にはすべての子どもに無償の教育を保証する義務がある。

一般的な「規則」について述べると、言うまでもないことだが、規則には成文法と道徳律の二種類が存在する。道徳的に求められるものと法的に求められるものの違いを確認するため、スーパーマーケットで銃を売ることについて考えてみよう。本書を執筆している時点では、もちろん、（アメリカにおいて）これは合法である。しかし、このことが道徳的かどうかは真摯に問われている。友人が部屋を出る瞬間を待っていて、そのときが来たら、友人のビスケットを全部食べてしまうのは道徳的に良くないことだ（悪戯としては最低の部類に入る）けれども、そのことを裁判沙汰にしようと思う人はいないだろう。

道徳的に悪いことでなくとも、法律には反することもある。例えば、同性愛者同士の性行為を禁じる法律は、イギリスおよびアメリカにおいては昔のものだが（残念ながら近代まであった)、他国ではいまだに法的な効力を持っている。だが道徳に反するようなことは何もないはずだ。

性に関する規範と教育に関する規範については、読者の興味を惹くと思われることが二点ある。まず第一点は、この二つの規範はいくどとなく変更が加えられてきたという点である。そして、もう一点は、これらの規範に関しては世界中の人々が賛同するという訳ではないという点だ。例えば、義務教育修了の最低年齢を定める法に関しては意見の一致が見られない。何かを正しいと思うか、あるいは間違っていると思うかについての判断の根拠は、その時と場所によって、また周囲の人々の考えによってさまざまである。これまでにもそれを幾度となく目のあたりにしてきた人はいるはずだ。この考えを突き詰めると「道徳相対主義」になる。ある道徳的な判断、および見解が正しいとされるのは、一部の地域の一時の現象にすぎない、というのがその基本的な内容だ。この考え方はまさに、このようにして数多くの道徳的判断がなされてきたように見えるのでとても魅力的だ。実際、何かが善いことか悪いことかを判断しようとするときは、まず自分が生まれ育ち、慣れ親しんだ社会における一般的な善悪判断に照らし合わせるのが自然であろう。

しかしながら、思い返してみると、私たちは一般的に何が善で何が悪かについての生来の知恵を持っており、実際はそうした知恵に基づいてさまざまな道徳的判断を即座に下しているのではないだろうか。周囲からこれが正しいことだとかこれは間違ったことだと言われてきたような特定のことがらについてさえ、私たちはそうした知恵に基づいて判断している。この事実はとても重要である。生来の知恵自体は、道徳的に保守的であるとは限らない。かつて法律によって認可され、大勢の人間が良しとしていたことが、道徳的には正しいとは言えない場合がある。そうした事態は、誰の心にもすぐにいくつも思い浮かぶはずだ。なかでも最悪の部類に入るのが、少数派の人々に対する組織的な抑圧や迫害だろう。女性に対する抑圧の場合、支配層は自らの力を誇示するために女性たちの社会的、政治的な力を組織的に奪ってきた。このような事態は、決して受け入れるべきことではない。どれだけ多くの人間に反対されようともである。けれども、もちろん、人々の反対にめげずに抵抗するのは決して容易なことではない。それが簡単なことであるかのように言うのは、これまで続いてきた壮絶な戦いによって、ようやく、今日のような（それでもまだまだ不完全な）立場が獲得されたという事実に対する冒涜である。こうした不公平、非道徳的な法律、不当な社会規範に立ち向かうことには意義がある。いや、意義があると言うより、むしろ、必要なことだ。ただし、それは困難を極めるのである。

あなたが最も重要だと感じた、あるいは、最も熱い想いを抱いた政治的問題について考えてみよう。その問題に対するあなたの見解は、同じ意見を持つ人間が何人か数えてから決めたわけではないだろう。そうではなくて、あなたは、自分の意見が正当な議論によって導かれているかどうかを考慮しただろう。哲学的な思考によって得られる主な恩恵の一つは、そうした思考を通じて私たちは自分の行動が正当であると言えること、あるいは、正当な行動を探究できるということである。その正当性は、感情的なレトリックや多数決にではなく、その見解がどれほど批判的思考ないし理性的内省に訴えるかどうかにかかっている。いや、それにもまして哲学的思考には、この種の正当性のある見解を否が応でも導き出す力があり、そうでないものを除外することができる。道徳的相対主義に対しても同じことが言える。私たちは、現在広まっている道徳的見解が正当なものかどうかを判断できるようにならなくてはならない。その際、周囲のほとんどがそう思っているに違いないからその答えが正しいなどと言ってはいけないのである。

道徳と宗教

道徳的相対主義という考えを排除するとしたら、その穴を埋めるものは何なのだろう？昔から行われてきたやり方は、あらゆる道徳律を一つの宗教的規範の下に収束させてしまうというものである。これならすぐに普遍性を見出すことができる。しかし、宗教における倫理観や道徳観が正しいと言うためには、自然界および唯一絶対の神に関する何らかの形而上学的な主張を信じなければならない。けれども、多くの人々がその主張を露骨に拒否するだろう。何が善で何が悪かを見極めるうえで神という言葉を持ち出すことについての問題はよく知られている。そのベースとなっているのは、古代ギリシャの哲学者、プラトンが対話篇『エウテュプロン』

で提唱した考えだ。プラトンが焦点を当てているのは「敬虔」であり、唯一神ではなく複数の神々なのだが、ここでは要点を絞った上でこの例をとりあげよう。

「エウテュプロンのジレンマ」とは以下のようなものだ。すなわち、「神が善い行いを善とするのは、それが善であるからなのか、それとも神がそれを善とするからなのか?」そのジレンマから導き出せる結論は二つある。選べるのは一つだけで両方は選べないし、どちらも望ましい結論とは思えない。それぞれの選択肢は「ジレンマの角《つの》」と言われるもので、状況的にどちらか一つの角を選ぶことを迫られる。まずはエウテュプロンのジレンマの角の一本について見ていこう。神が善い行いを善とするのは、それが善であるから、というものだ。もしこれが正しいなら、神から独立した善の基準が存在し、神ですらその基準をもって判別しているということになる。つまり、善悪の判断基準は神がもっているものではないため、神もその基準に照らして答えを求めないといけなくなる。

ではもう片方はどうだろうか? 神が善とする行為は善とされる、というものだ。もしもこの命題が正しいなら、神が戯れにキリンを燃やすことを非常に善い行いであると定めたら、気晴らしにキリンを焼き殺す行為が道徳的には高く評価されることになってしまう。だが、こんな風に道徳が神の気まぐれに依存するというのが理にかなっていないことは確かだ。そしてこちらの角を選ぶと、神は道徳的な規範に縛られていないから、善悪はまさに気まぐれに決められるのだ。もちろんプラトンのこの説に対してはさまざまな反論が提起できる。だがプラトンに反論するなら、なぜプラトンが間違っているのかを説明しなくてはならない。それでも、神に依ることなく道徳の基礎が見いだせるかどうかを検討することは、少なくとも試みる価値がある。

宗教に依存しない道徳の基礎は（それが提示されることを期待している人もいるだろうが）、いくらでも列挙できる。ただし、本書の目的はどの道徳理論が正しいかという結論を出すことではない。それは、（より広義の哲学の体系の一部として考えるにせよ、そうでないにせよ）あなたが自分で考える価値のあることだ。時間をかけて自分の持っている意見を吟味し、自分が信じている物事にちゃんとした根拠があるか、それを一つ一つ確かめていく。そのことの大切さを是非とも心に刻みこんでいただきたい。哲学者たちが行為の道徳性を判断する際に中心的な役割を持つものとしては、人権、福祉、動機、公平性、人格、幸福などがあげられる。これらはすべて私たちの（神という立法者に依拠しない）道徳的判断の基礎となりうる。

ほかにも広範囲の事象において、同じような結論を導くさまざまなアプローチがある。例えば、人権を尊重するということは、一般の人々に対して最高の福祉を提供することにつながる。こういう万人が同意するようなことこそ、皆が期待しているものだろう。私たちが異口同音に賛同することの多くは、その行為は間違っているとか、許容範囲内だとか、道徳的に要求されることだなどといったことである。私たちが哲学というものを学ぶ前から、例えば、誰かの結婚指輪を盗むのは悪いことだといった認識は大勢の人々に広まっていたと考えるのが自然だろう。最終的にどの道徳律を取り入れるにせよ、あるいは、そうしてほんの一時取り入れた道徳律に間違っている点があることに気づき、改善に取り組むにしても、例えば結婚指輪を盗んだり、キリンを戯れに燃やしたりするのは良くないことだというような見解は持っておきたいものだ。相互に異なる道徳理論が複数生まれたとしても、それらが正しく機能すれば、議論の余地もないような事柄に関してはどれも同じ見解に落ちつくだろう。

道徳判断を行うこと

道徳的な人生を送るのはなかなか大変だ。明らかに最善の行動だと思えることが見いだせず、目の前にはいくつかの気が進まない選択肢しか残されていないように感じることもしばしばである。こうした判断の難しいケースの場合、正しい行動と間違った行動を記した過去の記録が、ある理論が正解を導き出す手がかりとなる。大勢の人々が共鳴するような話であれば、自分の道徳理論の正当性を測るためのある程度確かな物差しとなるだろう（もしも泥棒が良しとされているようならば調整が必要だろうが）。もちろん、ある特定の理論から帰結するとあなたが考える判断を杓子定規にあてはめなければならないというのではない。過去を振り返ることは、自分の理論を適用していった結果がどうなるかを考え、ドグマに陥らないようにしないといけないから、というだけのことだ。要は、内省に内省を重ねていかなくてはならないのだ。

身近な例を挙げてみよう。もしもあなたが、牛肉や牛乳、卵や動物の油脂、皮革などを得るために動物を家畜化したり苦痛を与えたりするのはよくないことだと考えて、菜食主義者になろうと思ったとする。苦痛を与えることは避けるべき、ないし止めるべきだというのは哲学的な考え方だ。この分野の思索の中で最もよく知られているのが「功利主義」である。功利主義によれば、苦痛に対する快楽の割合を最大にする行動が正しいことになる。苦痛を最小に抑え、快楽を最大に引き上げるような行動を選ぶべきだというのである。

実際には行動が引き起こす結果を正確に予測することは困難を極める。だが、少なくともごく日常的な場面において、おおまかな予測をするのは比較的簡単だ。食料を目的とした動物の家畜化を廃止することで、どれだけ動物たちに快楽をもたらし、また苦痛を減らすことになるのか、厳密には分からないだろう。それでも実証的研究や、すでに広く受け入れられている考え方に基づいて、そういったことを合理的に推測することはできる。ただし、当の動物が感じる苦痛や快楽がどの程度か、あるいは、商業的目的で人工的に個体数が維持させられなかったとしたら後の世代がどれくらい繁殖するかといったことはよくわからない。功利主義者にとっては、こういった問いに対する答えが重要である。快楽の量は、快感および苦痛の種類と強さ、または、ある一定の強さや方法で快楽や苦痛を覚えた回数に依存するからだ。

言うまでもないことだが、菜食主義者になろうと発起するのに、こうした哲学的立場を取る必要はない。他の道徳理論に依拠してもまったく構わないのだ。もう一つ、別の理論を見てみよう。動物製品を使用するのは自らの恥ずべき性質、すなわち、傲慢さや搾取的、差別主義的な側面の表れであり、自分はそうした欠点を直したいのだと思う人もいるかもしれない。そのように主張する人間は、「徳倫理学」を唱道していると言えるだろう。徳倫理学とは、おおまかに言うと、なりうる限り最も善い人間になり、最高の性格を育み、悪ではなく善の心を持つことによって、個人としても集団としても最高の生活を送ることを目指すものである。

こうした一般的な道徳理論が、動物由来の食品を摂取すべきかどうかといった個人的にも社会的にも大きな問題に対して、特定の解決策をもたらしてくれるという保証はない。徳倫理学を提唱している人が自動的に菜食主義者になるわけでもない。同じことが、何が自分の義務なのか、何が自分の権利であり責任なのか、世界にはどれほどの幸福があるのか、といったことに対する判断を土台に置いて考える道徳理論に関しても言える。どのようなケースでも、明確に記述された具体的な道徳的問題に関して確固たる結論に至るには、より十分な理論的検討とともに経験に基づくデータも必要になってくることが多い。

現代の社会状況における善悪判断は、環境が変われば妥当でないかもしれない。例えば、足が不自由な人が車椅子に乗れるようにするのは良いことだという考えがある。それは道徳的に明らかに正しいことであり、その方向に努力が傾けられるべきだと思われるだろう。しかし、車椅子が役に立たないような状況だとどうだろう。例えば、舗装された平坦な道路や歩道がなくて、凸凹の悪路が続く場所では、車椅子を提供しなければならないという義務は消失する。

このことから分かるように、車椅子があるから、車椅子に乗れるように援助することが正しいというわけではない。必要とする人には車椅子を提供するべきだという意識を高めているのは、誰にでも行きたいところに行けるように、公共の建物でも広場でもどこでも好きな所にアクセスできるようにする手段が与えられるべきだという、より一般的な義務感である。こうした特定の義務感は、より根源的な義務感と特定の場面における状況との相互作用によって生じる。特定の場面、例えば車椅子が役に立たない悪路に出くわした時などは、根源的な義務を果たすことに伴う別の義務に取り組むことになるだろう。

平等を希求する精神に基づいて取るべき行動を決める、このことの難しさは以下のような例によってうまく説明できる。もしも、男女が平等に使用できるようなトイレを作るように言われたなら、あなたはどうするだろうか。簡単そうに思えるかもしれないが、実は設計し始めるとなかなか難しいことに気づくだろう。あなたは経費を男女平等にするために、男性用の小便器を女性用の個室より数多く設置しようとするだろうか、それとも、並んで待つ時間を平等にしようとするだろうか。あるいは、男女ともにいつでも使えるように十分な数の便器を揃えようとするだろうか？　もしかすると、男女別の建物を設置する必要が出てくるかもしれない。いずれにせよ、あなたはこれら一つ一つの考えに即して、敷地や経費を振り分けなくてはならない。この簡単な例から、理論的思慮と現実世界における実用性の相互作用が説明できるだろう。私たちは、難問がはびこる現実世界から「栄光ある孤立」を図り、ただ理論的思索にふけっているわけにはいかない。現実を視野に入れなければ、意思決定に際して他分野からの情報や指針となる経験的根拠を見逃してしまうだろう。また一方で、すべてにおいて合理的な思考もせずに意思決定するのも望ましくない。最初に思いついた解決策に固執したりすると、熟慮しないと思いつかないような良い考えを見逃してしまいかねない。本書を読んでたった一つだけ心に留めておくなら、「物事は見かけよりもずっと複雑だ」ということを覚えておいてほしい。それだけでも災いは回避できるだろう。

読者の中には、こうした事例は、私たちが前述で否定した道徳的相対主義に繋がるのではないかと懸念する方がいるかもしれない。車椅子のケースでは、車椅子を与えるのが正しいかどうかは状況次第だと説明できた。しかしこう述べたのは、移動の自由が保証されてしかるべきだという、あらゆるコンテクストに普遍的に当てはまる原則が存在するからだ。私たちは、車椅子が使えないような悪路では何の義務も発生しないと言っているのではない。悪路でも自由に移動できるようにするために、何かしら他の手段が用意されてしかるべきだと言っているのだ。しかし、道徳的相対主義者はこう反論するだろう。移動の自由を保障するというこの普遍的原則そのものが、一部の文化や社会にだけが存在しているのであって、他の場所には存在しないのだ、と。

道徳哲学の価値

道徳哲学はあらかじめ用意された答えを出してくれるわけではない。だがこの哲学がなければ、どのように行動すべきかの指針が見出しにくくなるだろう。ここでもまた、哲学は難しい問題について考えるうえで、思考をはっきりさせる道具となるのだ。ひときわ重要な道徳的問題について、慎重に考えていくと、私たちの間には何が正しいかについての見解の相違があることが分かってくる。倫理についての議論は、非常に強い感情を引き起こす問題を含むので、白熱してしまうこともままある。例えば、公務員の間で、交通費補助の仕方を変えるべきかどうか、それに従って、新しい補助の名称を807/Eにするべきか807/D(2)にするべきかという議論がおこり、あなたがそれに巻き込まれたとしよう。こういった事態では、論争が不毛なものになりがちだということを十分考えておかないと、政治的平等や軍事介入といったとても重要な事柄に関して自分の意見に反対する人々に怒りを露わにしてしまうことになりかねない。

こういう事柄については、怒りにまかせた言動は相手の心を変えはしない。私たちはそのことを経験上よく知っている。そのような態度はかえって逆効果になり、相手は自分の意見を頑として曲げず、あなたの主張に耳を傾けなくなってしまいかねない。もちろん、あなたの怒りの声に相手が耳を傾けてくれることもあるかもしれないが、そのような態度で相手に迫っていっても得られるものは何もないだろう。まずは少なくとも、自分に反対する人は愚者や野獣だと決めてかからず、順序立ててきちんと説明したほうがずっとよい。話に筋が通っていれば、やがては理解してくれることだろう。こうしたアプローチに徹すれば、相手もどうして自分と違う意見を持っているのか、詳しく説明せざるをえなくなる。例えばあなたは、相手が提唱する社会政策を実行すれば、なぜ支援を最も必要とする人に手が差し伸べられなくなるのか、いかに大勢の人々が艱難辛苦を味わうことになるかといったことを説明できるだろう。機会均等を実現しようとしているあなたにとって、経済的不平等は公民権剥奪の最大の要因であり、こうした帰結は到底良いこととは思えない。そのように論じられると、相手も自分たちの政策がなぜそのような悪影響をもたらさないか、あるいは、その政策によってなぜあなたの考えるような問題が起こらないかを具体的に説明しなければいけなくなる。それを聞くと今度はあなたが、どのような点を力説すれば相手を説得できるかについて考えやすくなる。例えば、相手の政策では結局そういうことになるのだとか、経済的不平等は究極的には悪い帰結をもたらすのだとか（あるいは、彼らもすでにそれをわかっているのなら）、たとえ今は直接的な悪影響がなかったとしても、今後火の粉が降りかからないようにするにはどうしたらよいかに関心を向けるべきではないか、などと言って説得を続けることもできるだろう。

このような論争の途中で、腹を立ててしまう人もいる。それは仕方ないことだ。しかし相手を怒らせたままでは良い結果はもたらされない。哲学が怒りを抑える魔法の道具だと言っているのではない。むしろ哲学によって、問題の本質や規模、ないしその問題に関心を向ける際に想定される困難の大きさに気づくと、さらに激しい怒りにとらわれることもあるだろう。哲学にできることはせいぜい、複雑な状況に取り組む際に使える一般的な原則の数々を提供することくらいだ。ただし、道徳が無視される混沌とした状況で、また、一方の立場の根底にある矛盾が解決できていないことで、どういった見解の相違が生まれるかを見いだせるようにはなるだろう。すでに述べたように、哲学は道具である。理論的な道具の詰め合わせとでも言うべきだろうか。それらは、現実の道徳的問題に対して有意義なかたちで取り組むのに役立つだろう。そして、上手くいけば、問題の解決に一歩近づくこともできるかもしれない。

互いにどう接するべきか、自分たちの義務とは何か、何をしていいのか、何をしてはいけないのか。つまり、われわれはどのように行動すべきなのか、これらを理解することは、社会生活を送る上での基礎であり、これらの問いは、少なくとも部分的には紛うことなき哲学的な問いなのだ。

訳注1）　グラインドコア・バンド　過激な音楽を演奏するロックバンド

終章

さて、いよいよ、この本もあと少しで終わる。なぜ哲学が重要であるのか、読者の皆さんにより真剣に考えていただけたのではないだろうか。ここではその重要な問題に立ち戻る前に、まだ言及していない哲学の分野について簡単に触れておきたい。これまでわれわれは、自分は何者か、人は自由意志で行動しているのか、エビデンスの本質は何か、エビデンスをどのようにして使うべきか、哲学・科学・宗教の違いは何か、私たちはいかに行動すべきかといった問いについて語ってきたが、これらの問いは哲学の世界のほんの一部にすぎない。

例えば、芸術について考えてみよう。美術館で現代美術の作品を眺めていると、積み上げられたタイヤとか、錆び付いた金属片が芸術的に（あるいはその意図なしに）並べられたものとかそういう物が目について、「これは美術作品なのか？　そうなんだよね。でもだとしたら…なぜこれが美術なんだろう？」という陳腐な疑問が頭に浮かんでくることがあるかもしれない。現代美術が台頭するまで、哲学者たちは美術の本質は美であると思いがちだった。だが、タイヤの山に美的価値など存在しないのではないか（ここは意見の分かれるところかもしれないが）。ただのタイヤの山でも、美術館に展示されれば美術たりえるのだろうか？　その作品を作った（ないし物を並べた）人間は、あくまで芸術作品として作ったのだろうか？　こうした問いもまた、言うまでもなく、哲学的な問いである。実験を行ったり、多数決で票を集めたりすることでは答えが出せない。答えを出すには思索するしかないのだ。（例えば）何が美術作品であり、何がそうでないかをじっくりと考え、しかる後に、美術に該当するものとしないものを区別するのである。これは思考実験にも関わってくるだろう（もしタイヤの山を持ち去り、展示されていたのと同じようにゴミ捨て場で組み立てなおしたら、それはまだ美術作品と言えるのだろうか？　それともただのタイヤの山でしかないのだろうか？　そのタイヤは何かの間違いで画廊にあっただけで、スタッフが新しい展示物と思い込んで放置していたのだとしたらどうだろう？）。

政治の例を取り上げてみてもよい。民主政治は独裁政治より優れている、と断言できるだろうか。もしそう言えるなら、それはなぜだろうか？　むしろ、結局のところ、人格的に優れた独裁者の方が、心根が卑しく利己的な人間に満ちあふれた社会から選ばれた人間たちで構成された政府と比べて、より公正で、より平等で、より繁栄した社会をもたらすのではないだろうか。自分のことしか考えない人間だらけの政府は、公正や平等や繁栄など一顧だにしないだろう。あるいは、代表民主制と直接民主制を比較するとどうだろうか。前者では、有権者の利益を代表している（と思われる）国会議員の投票によって政策が決まるが、後者では有権者が投票で選んだ人間に自分たちのことを決めさせるのではなく、国民が一つ一つの政策の是非について直接判断し投票する。一体どちらが優れていて、どちらが劣っているのだろうか？ イギリスにおける議員選挙は、多数の票を得た候補者から当選するシステム（fast-past-the-post）であるが、これは一つの党に所属する国会議員の割合が、その党に投票した人の割合に近いものになる比例代表制というシステムよりも公平だろうか？ 政府はただひたすら自国民の利益のみを追求すべきなのだろうか？ それとも他の国々の民衆にとってもよりよき世界になるように（例えば、自国民の税金から他国を支援する費用を捻出するなどして）貢献すべきだろうか。

あるいは、死について考えてみよう。生きている間は死んではいない、したがって死があなたを傷つけることはない。だが、ひとたび死んでしまえば、もう死に脅かされるようなことは（たぶん）ないだろう。それなのに、死を恐れるのは理にかなったことなのだろうか？ そして、人生におけるもう片方の端、誕生の瞬間に目を向けてみよう。胎児が人権を得て、妊婦が生殺与奪の権利を失うのはどのタイミングなのだろうか？

では「障がい」はどうか。障がいとは障がい者に先天的に宿っている欠陥なのだろうか？ それとも、われわれの社会の一部としてもともと組み込まれたものなのだろうか？（巨人のために用意された環境を思い浮かべてみよう。そんなところでは私たちは誰も階段を利用できない。そこでは私たちの方こそ障がい者ではなかろうか？ これもまた思考実験の題材になるだろう。)

他にも哲学に関わるさまざまな分野がある。さまざまな人生の局面や種々の研究の分野で、興味深い哲学的問題が見出されないことはほとんどないくらいである。道徳や宗教や政治、人種や性差、物理学や化学や生物学、そして言語(この世界を語るときや、感情を表出するときや、ケーキの最後の一切れは自分に譲ってくれと頼む時などに使う言葉)。本当にどんなことにおいても哲学的な疑問は生まれるものだ。

さらに、本書では他の哲学的伝統についても語っていない。現在われわれが取り組んでいて、最も強く惹かれている流れは「分析的な」哲学と呼ばれるもので、20世紀の論理学的ないしそれに続く言語学的分析に取り組む研究者の中から生まれた。「分析哲学」という呼称は、分析という用語の与える印象よりも、広範な領域をカバーしており、徐々に不適切で狭隘な名前になってきている。また、この名称は一般人の意識にのぼりやすい名前ではない。したがって、その名称はあまり役には立たないかもしれない。しかし、あなたが分析哲学という言葉をどこかで見つけたならば、この本が果たした役割は大きい。

分析哲学が、いわゆる「大陸哲学」と区別されるのはある程度は有益なことである。大陸哲学がそう呼ばれるようになったのは、フランスやその他のヨーロッパ大陸の国々で広まったためである。大陸哲学は、われわれが取り組んでいる種類の哲学や、その起源や取り上げる題材と共通しているところが多い。しかし、大陸哲学は、文学理論や精神分析、急進的な政治などから影響を受けており、インド哲学、中国哲学、アフリカ哲学、イスラム哲学、アフリカ系アメリカ人の哲学、ヒスパニック哲学などなど、多様な分野を内包している。そして、哲学のジャンル名を見ただけでは、その内容はあまりよく分からないだろう。インド哲学がインド人について語っている訳ではないように、大陸哲学はスウェーデン人やポーランド人、ベルギー人について語っている訳ではない。だがアフリカ系アメリカ哲学は、少なくともその大部分は、アフリカ系アメリカ人の生活における歴史的、政治的、文化的なコンテキストから現れてくる哲学的問題について語っている。ともかく、これらすべての哲学には、主題と手法、そして哲学的問題に対するより一般的なアプローチにおいて、興味深い共通点と相違点が揃っている。

哲学は本当にどこにでもあるものだということを分かっていただけただろうか。ここで最初の目的に戻るとしよう。哲学は大切だという話だ。われわれは序章で、哲学が必要になってくるのは、物事への理解と明確な思考をもたらすからであり、実生活で役立つからであり、それが本来面白いからであり、文化的・歴史的に重みのあるものだからであると述べた。これらの主張が正しいか再度調べてみよう。まずは最初の見解からだ。

読者が、哲学的問題についての理解を深め、より明晰に考えられるように援助すること、それが本書を執筆するうえで意識した目的の一つだった。例えば、神経科学者がわれわれには自由意志など存在しないと主張するとき、果たしてそれが正しいかどうか疑問に思っても、その真偽を確かめる術が思いつかなかったかもしれない。だが本書をここまで読んでくださった方なら、その問題に取り組む方途について少なくとも何らかの感覚を身につけられたのではないかと願っている（もちろん、この主題に関してはまだまだ語れることがある！）。そしてこの問題に取り組む際には、否応なく、明晰かつ慎重な思考が求められる。神経科学のデータから自由意志が存在しないとする主張は具体的にどんなものなのか？　それは的を射た主張なのか？　その仮定は正しいのか？　その仮定から自由意志が存在しないという結論は導き出せるのか？　そういったことをあなたは自問しなくてはならないだろう。それらの問いに対して答えるには、関連するさまざまな概念について考慮する必要がある。自分の行動をコントロールしているものは何なのか？他の選択肢を取りえないような状況でも、自分がしていることを自分でコントロールできていると言えるのか？　そもそも他の選択肢を取りえない状況とは何なのだろうか？　思考を進めていくにつれ、その問題についての理解が深まり、思考がより明晰になっていくことは確かだろう。最後まで答えを見出すことができない場合でも（そういう問題も多いが）、理解が深まったことには変わりがない。理解するということは、ある問いに対する答えを知るということにとどまらない。例えば、信頼のおける数学者から、あらゆる偶数は二つの素数を足したものであると教えてもらっても、なぜそうなるのかはよく分からないかもしれない。また別の方向から見てみよう。ある数学者がこれまで誰も証明できなかった仮説の証明に学者人生のすべてを費やし、そして証明できずに終わったとしよう。その過程では、欲していた解答を得ることはできなかったが、考え始めた頃よりもはるかに多くの数学的知識を得ることはできたはずだ。哲学するということは往々にして、いやもしかしたらほとんど常に、こうした作業かもしれない。

次にわれわれは、哲学は文化的・歴史的にみても重要だと述べた。その主張が正しいことを証明するために以下の二点を挙げておこう。第一点は、科学にまつわるものだ。学問体系全体の中で哲学と科学が区別され始めたのは、比較的最近のことである。

それは十七世紀にさかのぼり、木から落ちてきたリンゴが頭に当たったアイザック・ニュートンが、重力という概念を作り出すことに明け暮れていた頃のことだった。ニュートンを駆り立てていたのは、「自然哲学」であった。自然哲学とは、おおまかに言うと、自然界に適用できる哲学であり、先人たちが宗教や倫理などに適用したような哲学とは異なるものである。ニュートンの名著『プリンキピア（自然哲学の数学的諸原理）』（一六八七）は、ルネ・デカルトの『哲学原理』（一六四四）に対する答えとして書かれたものだ。今日、デカルトは哲学者でありニュートンは科学者であると考えられているが、当時は経験的なエビデンスをもたらすような実験技術の多くは発明されておらず、科学理論を証明したり、いくつかある理論のどれが正しいかを判定したりすることは困難だった。少なくとも、現在では科学として認識されている多くの領域において、真に経験的なエビデンスと言えるようなものはほとんどなかったのである。それゆえ、「自然哲学者」の多くは、現代の哲学者とかなり似た方法で物質について考え、理論を打ち出していった。彼らの実験的研究の根底には仮説があったが、その仮説は今日からすればどう見ても非科学的としか思えないようなものだった（ニュートンは今日では物理学者とみなされるが、同時に錬金術師でもあった）。

もっと過去にも同じようなパターンが見られる。古代ギリシャの哲学者の多くは、医者でもあり、薬理学者でもあり、宇宙論者でもあった。紀元2世紀、ペルガモンのガレノスは、『最良の医師はまた哲学者でもあること』という学術論文を出していた。また中世のイスラム世界は高度に知的な環境であったが、ここでもまた、偉大な知識人は宗教学者であるとともに上記のような肩書も持っていた。今日の大学では、「学際的」と言われる分野がしばしば新しく開拓された学問のように見なされるが、これは皮肉なことである。むしろ、実際は、一つの「学問」が独立した一つの分野・領域を司っているという考え自体が、比較的最近生まれたのである。そして――これを伝えることがわれわれの目的にとって重要なのだが――人間が周囲の世界について体系的に考え始めた頃から、哲学はその中心的な役割を果たしていたのだ。

つまり、あえて言うならば、歴史的な観点から見ても、哲学なしには科学は誕生しなかった。世界を理解しようという哲学者の試みが、実験における技術や技法の発達を促し、今日における科学的手法や科学的実践の骨格を形作ったのである。

これで、序文で挙げた主張も残り二つとなった。一つは、哲学は実生活でも役立つということであり、もう一つは、哲学はそれ自体が面白いということだ。まず、有用性だが、思考を明晰にしてエビデンスと主張を慎重に吟味するということは、人生のほとんどの局面において有用であろう。しかし、そのことを別にしても、哲学を実生活で活用することはできるのだろうか？　率直に言うと、哲学の大部分は実生活で役に立つようなものではない。哲学者がかなりの時間を、時にはそのキャリアすべてを費やして考える多くの問題において、実生活で使える結論が出るようなことなどまったくない。日常生活の中で二つのものがあるとき、例えば、手元にチョコレートケーキと美味しい紅茶があるとき、それらが合体した第三の存在、「チョコレートケーキ紅茶」という存在があり得るかどうかなどといったことは日常生活で問題になりはしないだろう。（あなたは、「もちろんそんな存在があるとは思わない」と言うだろう。しかし、人の集合体を「群衆」と捉えたり、煉瓦とモルタルが適切に積み重ねられたものを「家」と言ったりすることはあるだろう。では、群衆の存在は信じるのに、なぜ、「チョコレートケーキ紅茶」の存在を信じないのだろうか？）。

では、次のようなことを思い浮かべてみよう。自分の周りの世界は確かに存在しており、ここが超高性能のコンピューターによって作られた仮想空間だと匂わせるようなことは日常生活では何も起こっていない。しかし、そう信じるに足る十分な理由があるだろうか。外界が実在するとは考えにくいという哲学的主張に関心を引かれたとしても、あなたは心理的な本能に従って外界の存在を信じ続けるだろう（嘘だと思うなら、想像してみるといい。もちろん、映画『マトリックス』でネオがやったように、ある日、仮想空間を突破するような体験をされた方なら、事情はだいぶ変わってくるだろうが）。

しかしながら、どのような哲学でも過度に一般化してはいけない。この点を認識することが大切だ。不可解な哲学であっても、いつか、実際に役立つようになるかもしれない。それは誰にも分からないことなのだ。近代コンピューターの父として知られるアラン・チューリングは「機械が思考することはできるだろうか？」という非常に哲学的な響きを持つ問いに基づいて人工知能という分野を開発した。したがって、もしもロボットが反旗を翻し、私たちを奴隷化するようなことがあれば、彼を責めてもよい。しかし、より重要なことは、多くの哲学が実際に役に立つということだ。自分がどのように行動すべきかを決定する際に、自分自身に問いかける質問の多くは、少なくとも部分的には哲学的なものである。新しい髪形はどうかと友人に聞かれた時、嘘をついてもよいのだろうか？　直面している諸問題についてよく分かっていないときに、選挙で当てずっぽうで票を入れるのは良くないことだろうか？　いかにも醜悪な現代美術の作品を見た時に、それをけなすのは無作法だろうか？　それともその作品が美しく見せる以外の目的で作られた可能性を考えるべきだろうか？

さらに言うと、現実的な問題に直接関わっている哲学者の数は非常に多い。結婚は良いものか、悪いものか？　肉を食べることは道徳的に受け入れられるか？　性行為や医療行為などに際して、完全な同意はどういう状況なら得られたと言えるのだろうか？　どのような兵器が国際的に禁止されるべきだろうか？　ポルノはヘイトスピーチの一種であるとして、違法とされるべきなのだろうか？　これらはほんの一例にすぎない。哲学的に問えることはまだまだたくさんある。

もちろん、本書において一貫して述べてきたように、問題について十分な情報を得て明晰に考えることができたとしても、残念ながらそのことによって、絶対の自信を持てるような答えを必ずしも導き出せるとは限らない。実際の行動に移すとなると、哲学は期待したほどには役立たないかもしれない。だがこう考えてみてほしい。もしもあなたがある問題について明晰に考える能力があり、しかも、その問題に関して十分な情報を得ているなら、どのような行動を取るにしても、かなり自信を持って動くことができるだろう。つまり、菜食主義者になるにしてもならないにしても、あるいは、友人の髪型がひどいと言うにしても言わないにしても、あなたは、もうまったくの無知ではなく、考えもなしに行動しないですむのだ。何も知らず、考えもまとまらない状態で行動するのは良くないことだ。あなたは少なくとも自分の行いの正しさを自分にも言い聞かせられるだろうし、他人に対して説明することもできるだろう。「真実を話すという義務は普遍的な道徳律であるというカントの言葉に感銘を受けたから、君の髪型について本当のことを言った」、あなたからそう言われたとしても、友人は感銘を受けたりはしないだろう。だが少なくとも、「君は何も考えてない」とその友人に非難されることはないはずだ。

次に、哲学はそれ自体が面白いものだという主張について述べよう。私たちが自信をもって言えるのは、私たちだけでなく、歴史上いつでも、世界中どこでも、数え切れないほどの人々がそう感じてきたということだ。この本の議論も面白いと思っていただけたのではないだろうか。もしそうでないなら、まあ、哲学は万人の好みに合う訳ではなかったということだろう（また、仮に哲学に興味が湧いたとしても、本書があなたの好みに合わなかったということもあるかもしれない。それなら他の哲学書を手に取ってみてほしい。もっと気に入る本があるだろう）。だけれど、もしもあなたがこれまでの人生で一度も哲学的な問題にぶつかったことがないというなら、その方が驚くべきことだ。そんな方には、今後、哲学的問題に直面した時には、自分が今、哲学的な問題に立ち向かっていることを認識してほしい。たぶんあなたは、自分で自分がどんな答えを出すか知りたいと思っていることに気がつくだろう。

推薦文献

全体を通して

哲学の世界に足を踏み入れるきっかけとなる本はたくさん転がっている。お勧めの本はネットで簡単に見つかるだろう。大陸哲学には本書で全然触れてこなかったが、その入門書としてはサイモン・クリッチリーの『ヨーロッパ大陸の哲学』（佐藤透訳、二〇〇四）が良いだろう。

哲学が包括する主題や形式、その多様さにもっと触れたいと思ったら、この二つの哲学のポッドキャストのサイトを見てみるといい。「History Philosophy Without Any Gaps」（http://historyofphilosophy.net）は幅広いポッドキャストをカバーしており、その数もどんどん増えている。古典哲学にイスラム哲学、中世哲学にインド哲学、そしてアフリカ哲学などなど。「Philosophy Bites」（http://www.philosophybites.com）には、哲学者たちの何百ものインタビューが置いてある。その主題は多岐に渡り、生命倫理から仏教、フェミニズムから友情、持続可能性からスポーツまでさまざまだ。本書で取り上げられていた色々な主題について検索してみよう。そのポッドキャストが見つかるかもしれない。

第1章

前半部分では個人のアイデンティティーについて触れていた。（Broadview Press, 2009）この領域では、デイビッド・シューメーカーの *Personal Identity and Ethics: A Brief Introduction* (Broadview Press, 2009) が良書であ

る。もし、男性と女性の心理ないし脳における差異についての議論に関心があるなら、Cordelia Fine（心理学者）によるオンラインの講義：(http://www.abc.net.au/radionational/programs/philosopherszone/the-galax：y-of-gender/6563092.) が役に立つだろう。自由意志については、ヘレン・ビービーの *Free Will*：*An Introduction* (Palgrave Macmillan, 2013) がお勧めである。

第2章

認識論に関する一般理論の入門書としては、Jennifer Nagel の *Knowledge: A Very Short Introduction* (Oxford University Press, 2014) がよい。より実用的なことに関心のある方には、Harry Frankfurt の "*On Bullshit*" (Princeton University Press, 2005)（『ウンコな議論』山形浩生訳、筑摩書房（ちくま学芸文庫）二〇一六）を勧める。この本は、馬鹿げたことについて詳細に記しているが60頁に収めている。また、'epis-temic injustice'（認識論における不正）については Miranda Fricker の "Philosophy Bites podcast on 'epis-temic injustice' (http://philosophybites.com/2007 /06/mir anda_fricker.html) を聞いてみると良いだろう。

第3章

科学に関する哲学的議論の概要を知りたい方には、Samir Okasha の *Philosophy of Science: A Very Short Introduction* (Oxford University Press, 2016)（『哲学が分かる　科学哲学』直江清隆・廣瀬覚訳、岩波書店 二〇二三）をお勧めする。科学と科学哲学との関係について歴史的に記述したものとしては、Scientific American のウェブサイトに載せている Janet D. Stemwedel の論考 (https://blogs.scientificamerican.com/doing-good-science/what-is-philosophy-of-science-and-should-scientists-care/) が良い。

第4章

Philosophy Bites には、道徳的問題に対して哲学的思考がどのように適応されるかについて、さまざまなエピソードが収められている。特に、Rebecca Roache が妊娠中絶の是非について語っているのをお聞きになると良いだろう。(http://podcasts.ox.ac.uk/rights-and-wrongs-abortion)。徳倫理学については、Julia Annas を勧めたい(http://philosophybites.com/2014/12/julia-annas-on-what-is-virtue-ethics-for.html)。Julian Baggini の *Atheism: A Very Short Introduction* (Oxford University Press, 2003) も勧めたい。この本には、本書の第3章と第4章で触れている考えとは別の見解も記載されている。

監訳者あとがき

本書は英国リーズ大学ヘレン・ビービー教授とバーミンガム大学マイケル・ラッシュ准教授の共著である。原書は一般の読者向けに書かれたB6サイズで一二〇頁足らずのコンパクトな哲学の入門書である。哲学の気軽な入門書として国際的にも高い評価を受け、すでにスペイン語と中国語に翻訳されている。

ビービー教授は英国を代表する哲学会「アリストテレス協会」会長をつとめるなどした現代英国を代表する哲学者の一人である。近現代哲学、フェミニズムに造詣が深く、ヒューム研究者としてよく知られている。主著に『ヒュームの因果論』などがある。イギリスやオーストラリアのラジオ番組などで一般人を対象に哲学を語る活動にも積極的に取り組んでいる。本書もそうした活動の一環として出版されたものである。共著者のラッシュ准教授は、現代哲学を専門とし二〇年以上の大学での教歴のあるベテランである。

ソクラテスが「汝自らを知れ」という哲学のモットーを掲げている通り、本書も「自己を理解すること」から語られ始め、「公的な議論」について、「世界の理解」について、さらに「倫理について」と哲学を構成する四つの領域について非常に分かりやすく語られている。読者は興味深いエッセイを楽しむようにして哲学の本質的な営みに入り込んでいくことができる。入門書とは言え、多く類書にあるように哲学についての知識を簡単に習得するための本ではなく、読み進めるうちに読者が自ら考え、実際に哲学を行うという経験を得ることができる内容となっている。本書は哲学的に考えることへの案内書である。

本書の翻訳は丸善出版編集部の小畑敦嗣氏のご提案によって始められた。小畑氏には前著の『ヒューム入門』（丸善出版）に続いてお世話になった。御礼申し上げたい。監訳者はかねてからビービー教授のヒューム研究の業績に注目していたのでこの仕事は大変楽しい作業でもあった。本書の翻訳は翻訳家の倉光星燈氏に訳文を作成していただいたものに、監訳者が手を入れる仕方で進められた。従って気楽な文体にふさわしい巧みな訳文を作成していたいた主な功績は倉光氏にあり、訳文全体の最終責任は監訳者にある。

短い時間でも容易に通読できる本書によって、一人でも多くの方が哲学することを経験し、哲学への関心を深めるための役に立てていただければ幸いである。

二〇二四年六月

矢嶋直規

■な行

■は行

■ま行

■や行

■ら行

索　引

【著者】
ヘレン・ビービー（Helen Beebee）
リーズ大学教授
マイケル・ラッシュ（Michael Rush）
バーミンガム大学准教授

【監訳者】
矢嶋　直規（やじま・なおき）
国際基督教大学教授

【訳者】
倉光　星燈（くらみつ・せいと）
翻訳家

なぜ哲学を学ぶのか

令和 6 年 10 月 30 日　発　行

監訳者　矢　嶋　直　規

訳　者　倉　光　星　燈

発行者　池　田　和　博

発行所　丸善出版株式会社
〒101-0051 東京都千代田区神田神保町二丁目17番
編集：電話(03)3512-3264／FAX(03)3512-3272
営業：電話(03)3512-3256／FAX(03)3512-3270
https://www.maruzen-publishing.co.jp

組版印刷・精文堂印刷株式会社／製本・株式会社 松岳社

ISBN 978-4-621-31028-1　C1010　Printed in Japan